Weihnachtsgeläut

Lektorat: Dr. Werner Seibel
Umschlaggestaltung: Leena Plachetka
Druck: Schaltungsdienst Lange oHG, Berlin
ISBN 978-3-945441-29-9

Weihnachtsgeläut

Anthologie

EPLA-Verlag

Inhalt

Advent
von Betti Fichtl

Entflammte Kerzen
am Kranz
werfen
ihr Schattenlicht
auf den Weg
zur Weihnacht.

Sie erwärmen
die Augenblicke
künden
von ihrer Botschaft
und weisen
in die Stille.

Strahlen
in die
dunkle Zeit.

Für jeden Sonntag ein Gedanke zum Advent
von Brigitte Schaefer

*1. Advent - 27. November

Ganz bewusst mögen die Wochen –
ohne Hetze in den Knochen –
im Advent besinnlich sein,
stimmungsvoll beim Kerzenschein.

Zeit schenken statt E-Mail-Treiben.
Sinnesgut - mal Briefe schreiben –
verankern, was verloren geht,
viele freut's noch, wenn erspäht.

** 2. Advent - 4. Dezember

Gedanken fliehen heut' dahin ...
Weihnachten - wohl in aller Sinn –
und Kerzen brennen jetzt, zu zweit,
Bergfest erreicht? Schon bald Halbzeit.

Wem schenk' ich was? Sicher das Beste!
Gutschein, Schmuck, Socken und Weste.
Weniger ist immer mehr –
Herzlichkeit zählt deshalb sehr.

*** 3. Advent - 11. Dezember

Drei Lichter brennen, wünschenswert,
wenn jeder jetzt noch unbeschwert
den Duft genießt und sich vergönnt
ein Wunschgetränk, GeNüssen frönt.

Seit jeher Plätzchenbäckerei,
verheißungsvolle Leckerei,
von Groß und Klein äußerst begehrt,
wenn's auch den Leibumfang vermehrt.

****** 4. Advent -18. Dezember**

Vier Kerzen Dunkelheit erhellen.
Wie Stunden plötzlich dahinschnellen.
Deutlich der Kalender sagt:
„Emsigkeit ist nun gefragt."

Post und Päckchen. - Schon bereit?
In ein paar Tagen ist's soweit,
wenn (auch) ... daheim ein Tannenbaum,
leuchtet im Glänze, Kindertraum.

24. Dezember: *Heilig Abend*

Glocken ringsherum einläuten
„Heilig Abend" soll's bedeuten.
Weihnachten! In dieser Welt,
Menschenherzen tief beseelt.
Zukunftswunsch: mög' es so bleiben,
Hass und Neid endlich vertreiben.
Das eig'ne Heil für sich entscheidet,
ob's Freude zulässt, oder meidet.
Nicht jedem „froh sein" ist gegeben,
wer es erfährt darf dankbar leben,
denn, wie schnell wechseln die Seiten,
schicksalhaft sie uns begleiten.
Frieden auf Erden? Wohlergeh'n:
speziell Gesundheit! - Weltbesteh'n?
Unsich're Zeiten! Was uns wohl erwartet,
wenn **2017** das Neujahr startet?

Weihnachtskugeln

von Werner Seibel

Sie hatte die Nachttischschublade aufgezogen und das Bild betrachtet, das sie mit Hartmut beim Verlassen der Kirche zeigte. Eine steile Treppe führte nach unten. Links und rechts standen Kinder im Spalier und warfen Gänseblümchen auf die Erde. Lange Zeit stand das Bild auf der Fensterbank. Dann war es plötzlich verschwunden, wahrscheinlich verloren gegangen durch die vielen Wohnungsumzüge. Keinesfalls in Nichtachtung oder im Zorn weggeworfen, das wusste sie ganz bestimmt.
Hast du das Foto irgendwo gesehen? fragte sie ihre älteste Tochter.
Nein, keine Ahnung. Welches meinst du eigentlich?
Judith war früh schlafen gegangen, hatte in den letzten Wochen schlechte Träume, immer kam sie zu spät zu einer Verabredung, verpasste die Straßenbahn oder verlief sich in der Stadt, die sie nicht identifizieren konnte, weil die Häuser und Straßen wie in einem Puzzle zusammengesetzt schienen, das Kaufhaus von dort, die Seitenstraße des Dorfes, wo sie aufgewachsen war, die Wohnung in einer dritten Etage, wann, wusste sie nicht mehr genau.
Sie strich mit der Hand langsam über die Bettkante, zerriss ein Blatt Papier, auf das sie einige Sätze geschrieben hatte, ein wenig Scham zeichnete sich ab, weil sie so vergesslich geworden war. Vergesslichkeit ist wie eine Ohrfeige, sagte sie leise, die eine Hand weiß nicht, was die andere macht; du stützt dich auf die Seite und kannst nicht aufstehen, kneifst die Augen zusammen und verirrst dich in dem bläulichen Morgenhimmel, der sich nur für einen kurzen Moment aufdehnt, dann wieder im Grauschwarz aufziehender Wolken verschwunden ist.
Sie hatten, als sie ihre erste Wohnung in einem größeren

Mietshaus bezogen, silberne Weihnachtskugeln gekauft und Hartmut hatte die verrückte Idee, sie unter die Decke zu hängen, jedenfalls so, dass sie circa vierzig Zentimeter über dem Tisch baumelten. Ein Weihnachtsbaum war am Heiligen Abend nicht mehr zu bekommen. Es war Nachmittag und niemand verkaufte ihn mehr. Die Kugeln waren ein kleiner Ersatz, nicht sehr einfallsreich, aber nicht ohne Bedeutung.
Die eine Kugel bedeutet das Leben, meinte Judith und die andere Kugel stellt den Kreislauf der Welt dar, bemerkte Hartmut. Die dritte Kugel hält das Gleichgewicht von Leben und Sterben, sagte Judith und die vierte Kugel ist die Wiederholung des eingeschlagenen Weges, ergänzte Hartmut. Vielleicht bringen sie uns Glück, lachte Judith und sie fanden, dass man Weihnachten auch ohne Weihnachtsbaum begehen könnte.
Judith vermisste das Foto in der Nachttischschublade. Zwanzig Jahre waren sie verheiratet. Immer häufiger fielen Äußerungen, die das Unzufriedensein mit dem Alltagsleben berührten. Es fehlte an Geld, die Erziehung der Kinder nahm Zeit in Anspruch, Judiths Stelle wurde abgeschafft, Hartmut kam von der Arbeit übermüdet nach Hause, stellte den Fernseher an und schlief ein. *Das eigene Stück Land*, wie Judith es einmal bezeichnete, war untergegangen. Der Alltag war über die Maßen mächtig geworden und nahm breitschultrig Besitz von Gemeinsamkeiten und vom achtsamen Miteinanderumgehen.
Ihr habt bald Silberhochzeit, sagten die Freunde.
Ja, antwortete Judith, und setzte Kaffee auf.
Ihr habt halt Glück gehabt, sagten die Freunde.
Ja, sagte Hartmut. Wir haben Glück gehabt. Den Kindern geht's gut. Wir sind zufrieden.
Er schlug die Zeitung auf und überflog die einzelnen Seiten.
Judith schrieb gern Briefe. In einem erwähnte sie ihre

Kindheit. In einem anderen das Kennenlernen von Hartmut. Sie waren voller Pläne. Hatten Träume. Hartmut vertrat die These, man müsse sich lieben, unendlich, bis zum Tod. Judiths Schwester hatte fünf Kinder und ging in ihrer Rolle als Mutter völlig auf. Judith bemerkte an sich, dass ihre Stimme kühl wurde. Ihre Brüste versteckte sie unter einem hochgeschlossenen Kleid. Im Kleiderschrank hing ein knallrotes Oberteil, sie hatten es zusammen im zweiten Jahr ihrer Ehe gekauft. Hartmut war stolz darauf und fand, dass das Kirschrot bestimmt nie verblassen würde. Sie hatten Themen, über die sie sprechen konnten. Judith hatte studieren wollen, das Studium aber wegen der Kinder zurückgestellt. Hartmut wunderte sich manchmal über ihre Wortwahl, fand, dass sie sich gut ausdrücken konnte. Eines Tages kauften sie für Judith italienische Stiefel.

Ihr liebt Euch von Herzen, sagte eine Freundin zu Judith.

Einmal fuhr Judith mit dem Zug nach Frankfurt. Im Abteil saß ein Mann, der in einem Buch las.

Ich lese gerade Canetti, sagte er.

Ach ja, sagte sie. Worum geht es da?

Um die Unvereinbarkeit von Liebe und Leben.

Er lud sie zum Kaffee ein. Die Halle im Hauptbahnhof Frankfurt war überfüllt. Sie waren in einem Schnellrestaurant und sprachen über Canetti.

Als sie im Zug nach Hause saß, hatte sie Lust, mit Hartmut ins Theater zu gehen. Oder in einen interessanten Film. Oder in ein Restaurant. Tanzen würde sie gern, lachen und über das Glück sprechen.

Sie redeten nicht. In den Nächten hörte sie, wie der Wind die Dachziegeln besang. Hartmut schlief, ging früh zur Arbeit, es passte mit den Urlaubstagen nicht.

Manchmal saß sie auf dem Bett und weinte. Als Hartmut eines Tages das Haus verließ, wusste sie warum. Am Telefon wollten sie sich verabreden. Aber sie hatten ihre Sprache verloren.

Judith legte in Gedanken das Foto zurück in die Nachttischschublade. Sie stand auf, zog sich an, ging an den Küchenschrank, holte vier silberne Weihnachtskugeln aus einem Karton und hing sie unter die Decke. Dann machte sie sich einen Kaffee und las Canetti. Jedenfalls die ersten zehn Seiten.

Wintervogel
von Anita Angheloiu

Ich wünsche dir einen Wintervogel.
Einen Wintervogel,
der dich mit seinem starken Schnabel
aus jeder Gletscherspalte deines Lebens
herauszieht.
Einen Wintervogel,
der dich auf seinen Flügeln
über Eisberge vor deinen Füßen trägt.
Einen Wintervogel,
der dich mit seinen Federn
vor der grausamen Kälte
in deinem Herzen schützt.
Einen Wintervogel,
der mit seinem Gesang
die brausenden Schneestürme
in deinem Kopf übertönt.

Meinen Wintervogel habe ich endlich gefunden.
Dir helfe ich beim Suchen.

Weihnachten im Sommer oder einfach nur Himmelsgeläut

von Edith Rudnick

Vielleicht ist es weit hergeholt. Vielleicht aber trifft es den Kern des Ganzen. Jedenfalls fuhren wir vom Hotel direkt los. Und gerade hatte ich zu allem Überfluss auch noch erfahren, dass es kein Zurück gab. Also das ganze Prozedere nur deshalb, weil ich versucht hatte, mich selbst auszutricksen?

Als nämlich unser charmanter Reiseführer den Plan des Tages ganz locker während des Frühstücks preisgab, bekam ich schlagartig ein mulmiges Gefühl. Durch ein langes, schmales Tal sollte es gehen. Nein, und nun hieß das Ziel auch noch Engtal. Das war zu viel für mich. Ich wollte und musste mir was Eindeutiges einfallen lassen, um mich auszuklinken.

Aber ich sitze inzwischen schon im Bus. Nichts hat sich in mir einstellen wollen, was einer plausiblen Erklärung gerecht worden wäre. Nur Anni, die Ehefrau unseres Reiseleiters, hatte gerade zum Besten gegeben, ihr sei unwohl. Sie überlege doch tatsächlich, an diesem so wunderbaren sonnigen Morgen, wo einem das Herz höher schlägt, weil selbst die federweißen Wölkchen verstecken spielen, nicht mitzufahren. Das ist mein Zeichen. Meine Rettung naht in Gestalt von Anni. Wie wunderbar praktisch doch so eine Reiseführerehefrau sein konnte.

„Anni“, rief ich aus der dritten Reihe zu ihr nach vorn, „wenn du hier bleibst, fahr ich auch nicht mit.“ Das war ziemlich einfallslos von mir, aber immerhin eine Lösung. Ich ahne, das könnte doch noch ein schöner Tag werden. Aber Anni macht mir prompt einen Strich durch die Rechnung. „Nein, nein, mein Mann möchte, dass ich dabei bin. Ich hoffe, es geht mir gleich besser.“ Zu blöd, meine aufgestoßene Tür fiel zu und der Busfahrer lenkte

inzwischen vom Parkplatz des Hotels nach rechts in Richtung Engtal ein.
So mutig ich mich auch in den Bus gesetzt hatte, jetzt verließ mich mein Selbstbewusstsein gänzlich. Ins Engtal und zur Engalm … zum großen Ahornboden vor einer Karwendelspitze in 1270 m Höhe, so hatte es Klaus unser Leiter erzählt. Was war auch schlimm daran? Aber immer wieder durchfuhr mich ein Schauer von Unwohlsein. Schnell „warf" ich mir ein Traubenzucker Quadrat in den Mund. Mein Puls nahm immens an Schlägen zu. Meine Beine zitterten.
Ich schluckte und schluckte und hoffte darauf, bald wieder auf der Rückfahrt zu sein, um wieder durchatmen zu können. Meine Reisebegleiter scherten sich nicht um mich. Mit dieser Luftnot in der Enge musste ich alleine fertig werden. So zwischen Berg und Berg zu fahren lag mir überhaupt nicht. Da hörte ich plötzlich einen Ton und schon ging's los. „Danke für diesen schönen Morgen, Danke für diesen Tag …" Der „Bus" sang und ich sang einfach mit. Vielleicht lockerte mich dieser Gesang auf oder ich gewöhnte mich an diesen Zustand. Jedenfalls schaute ich gelassener in die Natur, wo wir an einem Stausee vorbeikamen. Und die Wälder wollten nicht enden, doch die Enge des Flusstals war nicht gerade das, was ich sehen wollte, obwohl es malerisch schön war.

Wir fuhren gefühlte 1000 km, es waren vielleicht 80. Meine Flasche Wasser hatte ich fast ausgetrunken. Wenn nicht bald ein Zeichen der Zivilisation kam, müsste ich wohl die von allen gehasste Bustoilette nutzen. Entspannen geht anders. Wo kann man wieder frei atmen? Das sind meine Sorgen. Niemand nimmt Notiz von mir. Selbst die 80-Jährigen zeigen keine Beschwerden von Atemnot. Nur ich scheine zu leiden. Dann wird die Vegetation im ganzen weitläufiger. Eine Art Platz tut

sich auf. Wir hören, dass es der große Ahornboden ist. Der durch das gefärbte Laub im Herbst viele Besucher anlockt. Und über 500 Jahre alte Bäume stehen hier zwischen immer wieder auch Neuanpflanzungen. Ich werde ruhiger. Die Enge ist weiter geworden.
Endlich! Häuser!
Unser Bus steuert auf einen Parkplatz zu. Ihn näher zu beschreiben, bin ich nicht fähig. Vielleicht war ich die Erste, die raussprang, ich komme sonst nur mit Mühe die Stufen runter, jedenfalls steigen alle erst einmal aus. Endlich durchatmen!!! Und zu meiner Überraschung, es funktioniert. Aber mich interessiert nur das WC im Hotel, das vor uns liegt. Danach erst komme ich mit meiner Seele langsam nach und an.
Erst dann kann ich mich dem widmen, dem ich ausweichen wollte. Was mir buchstäblich Angst gemacht hat. Denn ich sehe vor mir ein gewaltiges Gebirge. Hoch türmt es sich, gigantisch und majestätisch vor uns auf. Aber es ist nicht furchterregend. Es ist zärtlich wild und schön zugleich. Niemals werde ich diesen Anblick vergessen. Die hellen Kalkfelsen, diese Pracht der Berge mit seinen ersten sanften Hügeln, die sich weit hochzogen und mit ihrem Grün wie Samt die Felsen wärmten. Dort bin ich live, wo das Karwendel sein schönstes Schattenspiel in Konkurrenz mit der Sonne zeigt. Ich werde demütig vor dieser Schönheit der Natur. Und empfinde, obwohl wir im Grunde nur von hohen Felsen umgeben sind, die mir in der Vorstellung immer Unbehagen bereitet haben, mir die Luft zum Atmen raubten, ja, ich empfinde erstmalig, im Paradies zu sein. Dass die Gewaltigen mir die Sicht in die Ferne versperren, stört mich nicht mehr. Ich scheine in einer anderen Dimension zu leben. Diese Natur nimmt mir den Atem auf ganz andere Weise. Ich bin sprachlos, entzückt, überwältigt und ganz klein. Denn das, was sich da so vor uns offenbart, wo wir 700 m Fußweg erlaufen

müssen, das ist so einzigartig schön, dass einem die Sinne vergehen. Dass ich vor diesem Weg Angst hatte, kann ich mir nicht mehr vorstellen. Es war so still, dass man nur das Plätschern eines Bergflüsschens vernahm. Und als wir endlich die Engalm erreicht hatten, glaubte ich Engelstimmen zu hören. Sie kamen näher und näher. Ein so inniges Geläut hörte ich nie zuvor. Und im lieblichsten Trubel meiner Gedanken sah ich plötzlich kleine Zicklein über einen Hügel auf uns zulaufen. Das Engelssingen erklärte sich nun. Die vielen Glöckchen um den Hals der Zieglein brachten einen so sanften Ton hervor, und ich meine, ein Echo hat es verstärkt und verzaubert in ein Himmelsgeläut. Vielleicht waren dem Himmel so nah auch ein paar Englein mit im Spiel.

Vorfreude auf Weihnachten
von Sieglinde Seiler

Mit dem zeitigen ersten Schneefall
liegt der Spätherbst endgültig danieder.
Die Kinder können es kaum erwarten,
bis die Vorweihnachtszeit beginnt wieder.

Wir entzünden am Adventskranz
der ersten roten Kerze flackerndes Licht.
Es leuchtet in unsere Dunkelheit
und zaubert Anmut in ein Kindergesicht.

Wie strahlen doch Kinderaugen,
wenn sie verzückt ins Kerzenlicht blicken,
Wärme und Geborgenheit spüren,
wenn Familien enger zusammenrücken!

Wir Menschen suchen doch alle,
gerade jetzt in dieser dunklen Jahreszeit
nach kuscheliger Wärme, Zuneigung,
viel Nähe, Miteinander und Geborgenheit.

Freuen wir uns also gemeinsam
auf die Adventszeit und das göttliche Kind,
weil wir doch alle tief im Herzen
im Advent so sehnsüchtig wie Kinder sind.

Nikolaus' und der Engel Flatterfroh

von Dietrich Wilhelm Grobe

Auf höchster himmlischer Ebene wurde beschlossen, der bisherigen Ich-AG Nikolaus einen Lehrling im Zeitvertrag beizugeben; die irdischen Helfer Knecht Ruprecht und die Eselin Asina nahm man als Minijob-Beschäftigte zur Kenntnis. Unter den Engeln entstand große Aufregung; das Los fiel auf den Pusteengel Flatterfroh von der Wolke 2016. Die Gefährten beruhigten sich, schließlich herrschte unter ihnen allumfassende Liebe und kein Neid. Auf einem Mondstrahl ging's selbzweit abwärts; etwas ängstlich hielt der geflügelte Bote die feste Hand seines neuen Lehrherrn. Unten warteten schon Ruprecht und Asina; Nikolaus machte den Neuling mit den bewährten Helfern bekannt. Er durfte auf dem Rücken der Eselin reiten, bis die weihnachtlichen Gaben von den Speditionsengeln gebracht wurden. Wie staunte der Kleine über das neue Umfeld! Die Menschen fuhren nicht auf Wolkenschiffen einher - sie saßen in blitzenden Rollwagen, einer hatte es eiliger als der andere. Und dann die Menschenhöhlen! Eckige Löcher brachten ihnen das himmlische Licht, künstliche Sterne machten die Nacht zum Tag.

Besuchte man die Menschen, flog man nicht zu ihnen hinauf, man setzte die englischen Füße vor- und übereinander oder fuhr in seltsamen Kästchen nach oben, zumindest bei hohen Wohnhöhlen. Drinnen konnte es anheimelnd sein, besonders, wenn Kinder zu beschenken waren. Nikolaus hatte oft Mühe, seinen sonst folgsamen Begleiter zum Aufbruch zu bewegen, zu gern spielte der mit Puppen oder kuscheligen Tieren. Letztlich gefiel es Flatterfroh so sehr auf der Erde, dass er bleiben wollte: es wurde allerhöchstens genehmigt. Nur die Flügel musste er ablegen und den winzigen Heiligenschein, auf den er doch so stolz war. Die heilige Barbara,

Patronin der Hutmacher, spendierte ein wärmendes Mützchen zum Trost.

Weihnachten bei Aldi
von Christian Engelken

Zu früh der Weihnachtsmann aus Schokolade und die Printen!
Zu früh der Butterstollen samt Rosinen und Korinthen!

Zu früh der „Weihnachtsmischbeutel“ (einst: „Apfel, Nuss und Mandelkern“)!
Zu früh auch der Adventskalender und der Weihnachtsstern!

Zu früh der Zimtstern, all der Zimt und Zauber, Zirkus und Zinnober!
Was quält mich Aldi mit dem Weihnachtsquark schon im Oktober?

Zu früh der Spekulatius - will ich jetzt schon spekulieren?
Kann ich die Marzipankartoffel etwa grillen und frittieren?

Wer will zum Einkauf gehn und alles schreit: „Zu früh, zu früh, zu früh!“?
Warum gibt hier der Winter schon im Frühherbst sein Debüt?

Was soll der Nugat-Baumstamm? Lustig grüßt der Apfel von den Bäumen.
Warum lässt Aldi mich schon jetzt vom Weihnachtsmann (alb-)träumen?

Hat mich der Kerl mit seinem Sack nicht gestern erst erschlagen?
Ich muss gestehn: Das geht mir auf denselben, schlägt mir auf den Magen!

Ich lieb` den Alten sehr, doch alles - jedes Ding - hat seine Zeit.
Denk` ich nicht so schon oft genug an die Vergänglichkeit?

Zu spät! Doch bitte, Aldi, bring` die Zeit - und mich - nicht ganz zum Rasen:
Verschon mich kurz nach Neujahr - bitte, bitte! - mit dem Osterhasen! -

Weihnachtsmischbeutel, ALDI Nord

Unter einem Dach
von Renate Düpmann

Wie einst im Stall in Bethlehem
sich Freude und Hoffnung umarmen,
Nächstenliebe und Mitgefühl
bilden den güldenen Rahmen,
wie Engelshaar spinnt ganz sacht,
sich der Segen dieser Nacht,
um unser aller Herzen.
Wohlige Wärme flutet die Sinne.
Heilige Nacht beginne.

Olympische Weihnacht

von B.-P. Liegener

Der Heilige Abend war langsam zur Heiligen Nacht geworden und Ganymed schenkte noch etwas Glühwein nach. Die Sitten hatten sich geändert in jener unbekannten Gipfelregion des Olymp, die man nur durch ein für die Sterblichen auf ewig unpassierbares Wolkentor erreichen konnte.

Traditionell tranken die Götter nur Nektar, vielleicht abgesehen von Dionysos, aber der war ja auch kein echter Olympier. Aber - mal ehrlich - heißer Nektar schmeckt einfach erbärmlich und schließlich galt das Feiern des Weihnachtsfestes bei den alten Göttern ja auch nicht gerade als traditionell.

„Ach, was ist das ewige Leben der Unsterblichen hier in unserer trauten Familie doch unendlich schön, meine geliebte Hera", log Zeus, und dachte, während der Blick aus seinen Augenwinkeln auf Aphrodites schlankem Schenkel ruhte, an durchaus irdische und außerfamiliäre Abenteuer.

„Deine Gattin heißt jetzt Juno!", warf Eris, die Tochter der Nacht und Göttin der Zwietracht, in die Runde, da sie genau wusste, dass die kürzlich statt gehabte latinisierende Namensreform durchaus genug Zündstoff für einen netten, ungemütlichen Abend bot. Erstaunlich genug, dass man noch Christus sagen durfte - warum hatte noch niemand den Namen Christos, der Gesalbte ins Lateinische übersetzt?

„Genau! - Juno!", sprang Ares, der kriegerische Geliebte der Aphrodite auch sofort an. „Juno, wie die Zigarettenmarke. Wusstet ihr, dass der erste Werbespruch damals hieß: JUNO - dick und rund?"

Aus Heras Augen schossen Blitze, die sie während seiner letzten Eskapade aus der Nachttischschublade

ihres Göttergatten Zeus gemopst hatte.
Die schnellere Antwort hatte aber natürlich wieder einmal Apollon parat, der die Sehne seines Bogens ebenso flink und geschickt schnellen lassen konnte wie die Saiten seiner Lyra. Als dem Gott der Dichtkunst fehlte es ihm nie an einem passenden Libretto:
„Na, mein lieber Ares – ‚Mars bringt verbrauchte Energie zurück' klingt für mich auch eher nach Recycling-Unternehmen, als nach Kampf und Schlachtgetöse."
Das Gesicht des Kriegsgottes nahm die Farbe des nach ihm benannten Planeten an.
„Aber lass nur", wiegelte Apollon ab, „wir alle freuen uns nicht gerade über diese Umbenennung. Ich, zum Beispiel, werde immer kürzer. Aus Apollon wurde Apollo - manche Leute nannten mich schon Fielmann - und heute heißt´s nur noch Apoll - na toll!"
Schon glätteten sich die Wogen des wallenden Gesprächs, ohne dass Poseidon seinen Dreizack beruhigend über die tosende Flut der Worte hätte legen müssen.
Und Artemis half ihrem Bruder, die weihnachtliche Stimmung wieder herzustellen, indem sie die Aufmerksamkeit auf den in dicken Flocken fallenden Schnee lenkte: „Für mich gehört zu einer gemütlichen Heiligen Nacht immer frischer, leise rieselnder Schnee und die eine oder andere Nuss zum Knacken und Knabbern und Kauen."
Tatsächlich sprach sie natürlich ein modernes, elegantes Latein, eine kurze, knappe, klare Sprache. Also sagte sie in etwa: „Sacra nox mit nix und nux!"

Eris - genau genommen hieß sie jetzt ja Discordia, die Zwietracht - wurde alles viel zu friedlich. „Und du, blöder Amor, hockst da oben auf dem Weihnachtsbaum mit deinen lächerlichen Flügelchen und spielst den Weihnachtsengel!"

Erbost und in Ermangelung eines menschlichen Herzens als Ziel schoss der Sohn der Liebesgöttin einen gar nicht so liebevollen Pfeil auf den Götterboten ab: „Wenn meine Flügel lächerlich sind, wie, bitte nennst du dann diese albernen Knöchelschwingen, die Hermes sich an seine Füße schnürt?"
„Mercur, nicht Hermes", geiferte Eris - Discordia, „das ist der Planet, der so nah um die Sonne kreist, dass es ihm das Hirn verbrennt!"
„Wenn hier einer hirnverbrannt ist", erwiderte der Schutzgott der Händler und sonstigen Diebe, „dann ja wohl Hephaistos, seit er Vulcan heißt. Alle Leute meinen, er spucke ständig Feuer und Rauch. Neulich ist er in ein Restaurant gehinkt und wurde sofort in der Raucherinsel platziert - draußen im Garten bei Schnee und Eis!"
„Ein bisschen Kälte", meinte Hades mit eisiger Stimme, „finde ich gar nicht so verkehrt ..."
„Ha! Und du, ... Pluto?", rief Hephaistos, der nun tatsächlich anfing zu sprühen, wie ein Vulkan, „ein Gott der Unterwelt, der heißt wie der Hund von Micky Maus? Das, das nenne ich lächerlich!"
„Ja, ja", sprach in ruhigem Tonfall die weise Athena, „wenn die Menschen Angst vor etwas haben, machen sie es lächerlich, oder schieben es weit weg. Deshalb ist Pluto auch der äußerste Planet unseres Sonnensystems."
„War!", bemerkte der neunmalkluge Amor, der inzwischen von der Baumspitze herabgeschwebt war. „Inzwischen hat man ihm sogar den Planetenstatus aberkannt."
Hestia, stets besorgt um Gemütlichkeit und den wohlbestellten häuslichen Herd, hatte inzwischen längst die leere Christbaumspitze bemerkt. „Zeus, könnte nicht vielleicht dein Adler ...?"
„Nein", säuselte Venus, „das ist zu düster. Sollten wir nicht lieber einen Morgenstern auf die Spitze setzen?

Das ist ein christliches Symbol und im Übrigen“, bemerkte sie kokett, während es ihrem verliebten Gemahl Hephaistos die Tränen der Rührung in die Augen trieb, die das vulkanische Glühen zum Erlöschen brachten, „nennt man auch mich gelegentlich den Morgenstern …“
„Morgenstern!“, jubelte Ares, „ja, damit kann ich was anfangen!“
„Aber, aber“, mischte sich Apollon, Apollo, Apoll oder einfach Phöbus, der Erleuchtete ein. „Wusstet ihr nicht, dass man den Morgenstern auch Phosphoros, den Lichtbringer und jetzt auf Latein eben Luzifer nennt? Das passt nun wirklich nicht zu einem christlichen Fest!“

Inzwischen aber erübrigte sich die Frage, denn um die Spitze des Baumes hatte sich ein warmes, weiches und unglaublich ergreifendes Licht ausgebreitet. Die Krippe stand nicht mehr leer, und alle fühlten Freude, Liebe und Frieden.
Ein zufrieden schmunzelndes Lächeln legte sich auf das Gesicht des neugeborenen Christus.

„Der heißt jetzt Unctus!“, dachte Eris, aber selbst der personifizierten Zwietracht war in diesem Moment nicht mehr nach Streiten zu Mute.

Begegnung
von Susanne Schulze

Vom Schlitten des Herrn Weihnachtsmann
Fällt – unbemerkt und leise –
Ein Wichtelkindlein dann und wann
Und geht allein auf Reise.

Es wandert tapfer durch den Schnee
Und trifft allerlei Leute:
'Nen Hasen mal, 'nen Fuchs, ein Reh
Und eine Bibermeute.

Dann kommt es in die große Stadt
Wo Menschen ruh'los eilen.
Soviel es dort zu sehen hat
Das Wichtel muss verweilen.

Vor jedem Fenster, jedem Haus,
Das weihnachtsfestlich strahlt
Und vor dem Bettler Konrad Kraus,
Der schöne Bilder malt.

Dann trifft es auf ein kleines Kind.
Die beiden schau'n sich an.
Das fragt – die Nas' im kalten Wind –
„Bist Du der Weihnachtsmann?"

Der Wichtel zögert kurz und spricht,
Die Äuglein blinzeln rege –
„Der Weihnachtsmann, das bin ich nicht."
Und geht dann seiner Wege.

Er kehrt dann heim zu Kind und Frau
Erzählt dort das, was war,
Zieht sich zurück in seinen Bau
Und schläft bis nächstes Jahr.

Brief an das Christkind
von Sieglinde Seiler

Liebes Christkind, ich will dir schreiben.
Bitte lies meinen Brief und komme bald!
Die Schneeflocken tanzen vorm Fenster
und schneeweiß ist auch der Winterwald.
Am Adventskranz leuchtet Kerzenschein
hell von zwei Kerzen in mein Herz hinein.

Bischof Nikolaus hat uns schon besucht,
denn das Weihnachtsfest kommt wieder.
Mama hat feines Spritzgebäck gebacken
und abends singen wir Weihnachtslieder.
In der Krippe liegt das kleine Gotteskind,
um das dann die Hirten versammelt sind.

Ich wünsche mir eine Schlafaugenpuppe,
die ich abends ins Kinderbett legen kann.
Stets war ich brav und freue mich darauf.
Ziehst du ihr vielleicht ein Kleidchen an?
Bitte, liebes Christkind, vergesse sie nicht,
sonst bin ich ganz traurig trotz Kerzenlicht.

Madame Alexander, Schuhsohlen und das Jesuskind

Wunder oder Geheimpakt? Weihnachten, Krieg, Hamburg 1945/1946

von Eva-Maria Brodheim-Egbuna

Nein, meine weiße Uhr, der Chronograph, Plastik, China oder Taiwan, stell dich nicht so an, du weißt schon; ja ich meine dich - deine 2 kleinen schwarzen Punkte, die an-aus-an-aus-an und mich anschauen, nervös und auffordernd. - Mach schon, sagen sie, wie so eine kleine Kröte, mit diesen Glupschaugen. Komm schon, wir sind schon weiter, 40 Jahre weiter. - Was ist denn, fragst du mich? -

Ja, ich weiß, aber bitte, du musst warten, renn nicht so, weil, wer weiß, wie die nächsten 40 Jahre werden.

Ja, nein, eine Madame Alexander wird es nicht noch einmal geben, das ist sicher, auch nicht diese Schuhsohlen; aber das Jesuskind wird nun mal jedes Jahr geboren, das ist sicher und: also, na ja, das ist nicht so tragisch, sollte einmal dieses Fest ausfallen, oder der kleine Jesus Ostern nicht vom Tod auferstehen. Und noch etwas; also, die Maria muss sich ja auch mal ausruhen von dem Stress. Jedes Jahr ein Kind, das auch noch stirbt - und wieder aufwacht. - Irgendwie wird das langsam langweilig. Nun, okay, mein Chronograph, ich erzähle jetzt mal, wie es war. - Du kennst das Wort Stress ja, das ist in deiner Zeit aufgekommen, okay. Genau wie deine 2 schwarzen Augen, die immer auf und zu gehen, ohne mal ganz ruhig stehen zu bleiben. Das ist eben Stress. Ich weiß überhaupt nicht, wo du hin willst.

Huch - irgendwie hat es eben geklingelt - am Heiligen Abend - dabei singen die Leute: „Schlafe, mein Kindlein, schlaf ein.“ Ja, das ist für die kleinen Babys, die knapp 1-2 Monate alt sind. Die in einer tollen, gemütlichen,

sauberen Wiege aus Holz gezimmert liegen, in karierten Bezügen und kleinem flachen Kopfkissen - oder in einem geflochtenen Stubenwagen, oder auch Bollerwagen, der ein Verdeck hat mit Gardinen, blauweißen oder rotweißen Schleifen, auf dicken, großen runden Holzrädern. Die kleinen Babys, die noch viel schlafen müssen, Milch trinken müssen und schreien. Hör gut zu, meine weiße Uhr, mein Zeitanzeiger, wie du ja in neuem Deutsch heißt.
Also, es war fürchterlich kalt im Dezember in Hamburg, Winter. Wahnsinnig viel Schnee, Eis und frierende Menschen. Ja, es war ja auch Krieg, d.h. der fast vorbei war. Aber alles, die ganze Stadt war verwüstet, öde, leer und zerbombt. Überall Schutt und Asche, zertrümmerte Wohnblocks, Straßen und Geschäfte. Du kannst es dir nicht vorstellen. Hunger, wo du hinschaust. Frierende Menschen und nichts überzuziehen. Leichte Kleider, 'ne alte Schürze, Gamaschen, zerschlissene Jacken aus Loden, von Schuhen ganz zu schweigen; Hände ohne Handschuhe, keine Stiefel, keine Mütze oder einen Schal. Etwas reichere Leute, die hatten sogar einen Pelz auf dem Mantel. Männer und Frauen, - vornehme Leute; aber woher die kamen, weiß ich nicht. Schnee und Eis und kalter Wind.
Und immer noch der Rußgeruch, Feuer, Holz zermodert, und irgendwie war der Himmel noch phosphorgelb. Von den Fliegern, den Bomben und - ach ich weiß nicht. - Ich war ja noch klein, auch ausgebombt. Hamburg war zerbombt von angreifenden Truppen. Ich glaub, es waren Engländer, die über meiner Stadt wüteten. Wer weiß, aber wir hatten wohl den Krieg begonnen und dann mussten wir alle, die vielen Menschen, die Omas und Opas, die Babys und Kinder, die Menschen überhaupt, uns in Bunker verstecken. Ja, das weiß ich noch irgendwie,

nicht so ganz. Nun warte, mein Zeitanzeiger. Jedenfalls hatten wir, weil wir arm oder „bedürftigt“ waren, eine Einzimmer-Wohnung bekommen mit 6 Personen. Kannst du dir nicht vorstellen - keine Toilette, die war im Flur, und kein Bad - und schon gar nichts war weiß, wie du, mein Chronograph - vergilbte Tapeten und das Zimmer lag direkt, nur durch eine Schiebetuer getrennt, neben dem Zimmer von Frau Lüdecke, einer Teppichweberin. Ja, das war ein Krach, aber ich war ja klein. Das Klappern vom Webstuhl, meine Güte. Also, es war wohl Heiligabend und, wie ich schon sagte, die Menschen feierten Weihnachten. Unsere Wohnung, oder lieber das Zimmer, war in einer besseren Gegend; da gab es Bäume und Hecken, Villen und einen Wasserturm und das Bergedorfer Gehölz. Ich glaube, diese vornehmen Häuser waren von reichen Kaufleuten früher und die mussten sie an die englischen Soldaten hergeben. Die mussten ja auch irgendwo wohnen, wenn sie vorher alles zerbombt hatten; die armen Menschen hatten nichts mehr, aber die Reichen? Ich finde das okay. Die Villen waren ja groß genug. Platz in der „Herberge“, so heißt es doch am Heiligabend. Ja, für die Engländer wurde auf Anordnung Platz gemacht.
Drängel mich nicht so, Zeitanzeiger, und frag nicht mit deinen Glubschaugen. Ich erzähl jetzt weiter.

Wir hatten einen Tannenbaum, bestimmt von einem reichen Bauern, geschenkt bekommen, denn Geld war knapp und der Tannenbaum war sogar mit Lametta geschmückt und Bratäpfel hingen daran. Sah gut aus, und aus Brotpapier oder Stanniol, das ist das Zigarettenpapier aus der Schachtel gewesen, hat meine Mutter einen großen Stern gebastelt für die Spitze. Er saß natürlich schief da oben. Mein

Vater war nicht so begabt im Schmücken. Er wollte es aber unbedingt und umgekippt ist der Baum auch noch ein paar Mal. Na ja, mein Vater war Lehrer. Hatte mehr mit dem Aufbau einer katholischen Schule im Kinderheim zu tun. Du, übrigens in dem Kinderheim waren wir im Keller unten, als die Bomben fielen. Die Oberin hieß Schwester Gottlieba. Ein Gedränge zwischen eingemachten Bohnen in Steintöpfen, schwere Steine drückten oben auf die Bohnen, Sauerkraut war auch dabei. Der Abschluss war ein rundes Holzbrett.
Unter dem wackeligen Tannenbaum war sogar eine Krippe. So ein wenig Stroh und Maria, Josef, das Jesuskind, ein Schaf, eine Kuh und ein Hirte. Der Engel saß oben auf dem Krippenhaus aus Holz. Toll, sag ich dir. Hatte Mutti gemacht. Die Figuren waren aus Wachs, von den alten Kerzen, weißt du. Meine Mutti hat die Kerzen, wenn sie ausgebrannt waren, immer gesammelt. Ganz bunte Kerzenstummel. Es gab eine Kerzenfabrik in Bergedorf. Ja, das glaubst du nicht. Bienenwachs, der roch ... hm. Uhren gab es auch, nicht solche, wie du eine bist, aus Kunststoff und so. Du kennst ja auch nur Kerzen aus unechtem Wachs, oder? Aus China, da wo du auch herkommst. Ich liebe Dich aber trotzdem.
Die Maria war rot mit blauem Schleier und der Josef braun mit Überwurf und das Jesuskind fror, Gelb mit ein bisschen Weiß um den Bauch. War wohl eine Windel. Na, ja muss ja auch sein, passte aber irgendwie zum kalten Winter. Ich versteh allerdings die Maria nicht, wieso sie dem Baby nicht den Schleier umgewickelt hat. Oder der Josef konnte eigentlich von seinem Mantel ein Stück abreißen. Zeitanzeiger, was hast du gesagt? Der Heiligenschein? Ach ja, du hast recht. Der gelbe Kranz, der auf dem Kopf von Maria und Josef saß, der musste

den Schleier von ihr und Josefs Haar halten, der hatte lange Haare. Doch das Jesuskind hatte auch so einen Kranz über dem Kopf. Komisch, dass das schon blonde Locken hatte. Die hatte meine Mutti so in den Kopf hineinmoduliert. Ich dachte immer, Babys haben nur wenig Haare oder keine, wenn sie geboren sind. Ich hatte rote, das weiß ich, aber nicht sofort.
Wir waren schon aufgeregt, denn immerhin, trotz Kälte und wenig Geld, sollte es Bescherung geben. Ein paar Socken oder ein Kartenspiel - Schwarzer Peter - und ein Schulheft für meine Brüder, sie waren ungefähr acht und sieben Jahre alt oder auch ein Jahr jünger. Ob meine kleine Schwester da war, weiß ich nicht so genau, ich glaube nicht.
Das Weihnachtsglöcklein klingelte an der Wohnzimmertür. Eigentlich sollte es meine Mutti sein, die mit einem Löffel und einem Blechtopf das Weihnachtsglöckchen spielte. Findest du nicht auch, mein Chronograph, dass das eine tolle Idee war? Das fällt nicht jedem ein. Gib es zu. Nicht nur Chinesen können was „nachmachen“, wir auch.
Das Klingeln war aber nicht Mutti, nein, es waren Soldaten, GI`s hießen die. Sagt man jedenfalls, die verstanden uns nicht und wir sie auch nicht. Die sprachen Englisch. Nein nicht Chinesisch oder Japanisch. Englisch, wo man immer so das „R“ rollt. Müsstest du eigentlich kennen. Na ja, du sprichst ja nicht, schade, dürfte dir mit deiner „Zunge“ auch schwer fallen. Die Soldaten, es waren zwei, kamen mit einem Riesenpaket an. Das Paket kam aus Amerika von meiner Tante Nandchen, der Schwester meines Vaters. Die wohnte in Ohio und war katholische Nonne, schon sehr lange; ich meine Franziskaner. Du, Zeitanzeiger, stell dir vor, mein Vater war auch mal Mönch. Franziskaner, aber nur

ein Jahr. Er mochte es lieber bei meiner Mutti und der hat er die Treue geschworen; nicht dem lieben Gott oder dem Kloster. Ich kann das verstehen und du sicherlich auch, ist ja menschlich.
„Happy x-mess“, sagten die Soldaten. Kaugummi hatten die im Mund, so richtiges Pfefferminzkaugummi. Angst hatten wir nicht, die waren richtig freundlich und hatten es eilig. Vielleicht hatten mehrere Leute so eine Tante im Kloster in Amerika. Mutti wollte ihnen einen Keks geben, selbstgemacht. Sie aber mussten weg und wir freuten uns über einen großen, schweren Karton. Was drin war, willst du wissen? Nun, da musst du warten, wie wir auch, weil - vor einer Bescherung wurde gesungen und gebetet. Meine Brüder waren schon ganz hibbelig. Mutti musste sie immer ermahnen, während mein Vater ellenlang betete. Ich glaube, er las die ganze Weihnachtsgeschichte. Du weißt schon, die Sache mit Herodes und der Volkszählung und anmelden, da wo man herkommt. Ist ja auch okay, muss heute ja auch sein. Man kann schließlich nicht einfach auf einem Esel kommen mit einer Frau drauf und durch die Länder ziehen. Es gab auch damals schon Grenzen, wie heute. Nein, nun mach nicht so viel Wind, das ist richtig, Pässe gab es nicht. Und dann haben die Drei es sich gemütlich gemacht in einem Holzhaus, oder Stall, bei einem Bauern. Zu viele Menschen auf dem Weg zur Volkszählung, ja, zu deiner Zeit, mein Chronograph, gab es schon richtige Container mit Strom und Wasser und auch tolle Zelte. Jedenfalls hat die Maria in diesem Stall ein Baby geboren, das Jesus hieß. Völlig okay. Das war früher so, Krankenhäuser gab es auch nicht. Die Menschen wussten auch ohne Arzt Bescheid. Die waren stark, ich sag’s dir. Und ein Stern soll über der Krippe mit einem Engel gewesen sein. Ein

Mann, der flog. Schade, du kannst mir nicht erzählen, wo der herkam. Dass die Flügel den überhaupt getragen haben, ganz in Weiß war er. Eigentlich doch eine schöne Geschichte, so richtig zum Weinen und Mitfühlen, oder aber, aber, oh weh, so, mein Zeitanzeiger, ich muss dir unbedingt jetzt nun diese Sache mit den Soldaten weitererzählen. Ja, warte, hab es nicht so eilig.
Also, da war nun dieser Pappkarton, riesig. Die Soldaten waren schon wieder weg. Auspacken, auspacken. Nein, nicht wir, mein Vater mit einer großen Schere, und Mutti daneben, die bereit war, gleich irgendwelches Papier sorgfältig zur Wiederverwendung zu sammeln und zu falten. Papier war teuer und man konnte ja auch etwas malen darauf, oder einwickeln oder basteln. Erfinderisch sein, oh, man, da glänzte etwas Gold, eine Riesenmetalldose, oder besser ein Eimer. Wow, das war Marmelade, Vierfrucht, hieß die. Den englischen Namen weiß ich nicht mehr. Also nicht einfach nur ein kleines Glas, nein, das hast du noch nicht gesehen, ein großer runder Eimer aus goldenem Metall. Und ein Stück goldgelber Käse, ein langes Stück, quadratisch, da weiß ich den Namen noch: Chester cheese, und Butter im Fass. Salzbutter. Das war ein Fest. Wir haben nie Butter gegessen. Margarine oder nichts auf dem Brot. Und Milchpulver. Und jetzt kommt das Schönste: eine Puppe für mich aus Porzellan, mit hinten auf dem Hals einem Namen eingraviert: „Madame Alexander“, das ist eine Manufactur für Puppen in New York, habe ich, als ich größer war, herausgefunden. Diese Puppe hatte echte rote Haare, echte, blaue Augen, mit langen Wimpern. Und die Augen konnten sich bewegen, Schlafen und Aufwachen. Dann hatte sie auch eine Stimme: „Hallo, how are you?“, die konnte tatsäch-

lich sprechen. Und sie hatte einen roten Mund, Stoffarme und Beine, aber nur bis zum Knie, dann kam wieder Porzellan. Ist ja auch wahr, wer will denn Stoffarme und Stoffbeine haben. Sie hatte sogar rote Finger- und Fußnägel. Und mitten im Krieg oder Halbfrieden hatte meine Madame Alexander ein rosa Spitzenkleid an, so mit Tüll und Schleifen. Und kleine weißen Söckchen und Lackschühchen über den Füßchen. Auch ein Handtäschchen, wie ein Beutelchen, hing an ihrem Arm. Über den roten langen Haaren ein rosa Mützchen aus Spitze mit einer Schleife, die unter dem Kinn zugebunden war. Ich sag Dir, mein Zeitanzeiger, bleib ruhig stehen und sieh sie dir an, oder zumindest stell es dir vor. Kein bisschen Plastik. Alles echt. For little Eva-Marie.

Hast du mich was gefragt? Ach so, meine Brüder. Natürlich waren die am Wühlen, und weißt du was? Ich sag dir, nicht nur dicke Socken, lange Socken, oder Kniestrümpfe, das Allerbeste: Stiefel mit zwei Paar Sohlen. Lach nicht, ja du kannst ruhig mit deinen zwei Knopfaugen blinkern, Stiefel mit zwei Paar Sohlen. Man konnte die eine Sohle abmachen und einfach die dickere für „Trecking" auf das Profil pappen, ohne Klebe, da war ein dickes Profil. Das war eine Freude in dem Chaos und für mein Vater mit seinem Sauberkeitswahn; natürlich gingen die Tannennadeln auf der Erde unter dem Baum durcheinander, lagen nur lose auf einem Tuch und unter der Krippe, die Figuren waren umgefallen und durcheinander. Ist wohl auch verständlich, eine Freude und plötzlich - oh Gott - das Jesuskind war weg.

Maria, der Hirte, Josef, Schaf und Kuh, alles umgekippt. Zwei kleine Jungen, die sich freuten und ein wütender, mahnender Vater, gut, dass der Baum noch stand. Vati hatte aber bereits Lametta um den Kopf. Es hatte sich vertüttelt. Mein Zeitanzeiger, alles war mucksmäuschenstill. Mein Bruder Fridtjof war so selig über die Treckingsohle am Stiefel. Ach, mein Zeitanzeiger, es nützte nichts, das Jesuskind war weg. Und es lag so brav in der Krippe, sagte nichts, schrie nicht, schlief vielleicht, na ja, es lebte ja nicht, war aus Wachs. Meine Mutti, schnell und geschickt, wie sie nun mal war, verschwand und kam nach Minuten wieder, freudestrahlend. Und da lag es wieder, das Kind oder Baby, war auferstanden, ist doch so, gestorben und wieder da. Wir hatten doch nicht Ostern? Mein Vati war immer noch mürrisch und befahl meinen Brüdern, d.h. Bruder Fridtjof, die Stiefel auszuziehen und unter den schiefen Baum zu legen, da ja nun auch bald gegessen würde. Also Stiefel aus und Schluss. Einer der beiden lag auf der Seite und - was klebte denn da in der Treckingsohle? - ganz breit getreten im Profil. Großer Gott, ja, ich sag es dir, es war das Jesuskind - unter dem Schuh - weg und nicht mehr zu erkennen, nur die gelbe Wachsfarbe und ein bisschen Weiß. Das war wohl die Windel. Ein Heulen meines Bruders, eine Ohrfeige vom Vater. Das tat mir leid, ehrlich, er hatte sich gefreut und versehentlich aufs Baby getreten und umgebracht, ein Jesusmörder oder Verräter. Na ja, man konnte ja schnell beten und beichten unterm Baum und sagen: „Das mach ich nicht wieder." Gut, dass es so schnell Ersatz gab, aber er war wohl traurig. Heute hätte man wohl gelacht, oder, was meinst du, mein Chronograph? Eigentlich lag es ja schön warm und sicher in der Schuhsohle. Ein Versteck vor dem schrecklichen König Herodes. Gute Idee, platt gedrückt, aber der Jesus steht ja jedes Jahr wieder auf. Uns bei uns war Ostern eben Weihnachten.

War das womöglich ein Wunder oder ein Geheimpakt? Hatte womöglich auch der Engel auf der Krippe seine Finger im Spiel. Engel sollen ja viel können und schützen.
Zumindest war dieser Heiligabend gerettet. Es gab zum guten Schluss zwei Jesuskinder und keine Zeitanzeiger, was für ein Glück. Wir beteten dann für die Welt und die Soldaten, die diesen unvergessenen Weihnachtsabend möglich machten.

Der Ankömmling
(Vorweihnachtliche Gedanken einer alleinstehenden Zugehfrau)
von K.U. Robert Berrer

Da pocht er plötzlich laut an meine Türe
und will hinein. Wohl, weil es draußen friert.
Dass er heut' eintrifft, stand in der Broschüre.
Ach, hätte ich es mir doch bloß notiert!

Der arme Kerl. Nun sieh' doch, wie er zittert.
Mach ich ihm auf? Er wird mir schon nichts tun ...
Wie er so dasteht, wirkt er ganz zerknittert.
Das kommt bestimmt von diesem langen Ruh'n.

Er schlief ja wieder beinah' fünfzig Wochen.
Da liegt sich schon so manche Falte ein.
Und ich hab' nichts im Haus für ihn zum Kochen.
Warum schaut er auch stets am Sonntag rein?

Ein ganzes Jahr lang hätte Zeit bestanden,
dass er tauscht. Und von mir aus Mittwoch nimmt.
Doch nein, der Herr muss sonntags bei mir stranden.
Bloß wegen der Geburt von so 'nem Kind.

Da kann man doch gar nicht besinnlich werden,
wenn einer dich stets sonntags überfällt.
Und hinterher kommen dann die Beschwerden,
dass man zu den Besinnungslosen zählt.

Als wenn nicht auch an andren Wochentagen
geboren würde. Auch in Bethlehem!
Doch dieser Herr Advent lässt sich nichts sagen.
Gott, soviel Sturheit ist schon arg extrem!
Was ist den mittwochs bitte sein Problem?

Die LIEBE ist mächtig
von Liesel Marie-Luise Kriege

Die LIEBE ist mächtig,
ihr Zauber ganz sacht!
Die LIEBE ist mächtig,
hat alles geschafft!
Die LIEBE ist mächtig,
hat alleine die Kraft,
den Weg frei zu machen;
denn irdische Werte verlieren die Macht!!!

Die LIEBE ist mächtig,
schon tief in dir drin!
Die LIEBE ist mächtig,
mehr als größter Gewinn!
Die LIEBE ist mächtig,
hat alleine den Sinn,
dass wir dies erkennen;
denn SIE führt uns immer zu unserm Ziel hin!!!

Die LIEBE ist mächtig,
viel größer als groß!
Die LIEBE ist mächtig,
vertraue IHR bloß!
Die LIEBE ist mächtig
und alleine der Trost;
denn wer sich drauf einlässt,
den wird SIE erretten auch aus größter Not!!!

Die LIEBE ist mächtig
und für alle da!
Die LIEBE ist mächtig,
weil Vergebung SIE sah!
Die LIEBE ist mächtig,
wird sein immerdar
von Anfang bis Ende;
denn durch IHRE Schöpfung wird sie offenbar!!!

Weihnachten 1949 / Endlich wieder eine Familie

von Renate Blume

Eine bleibende Erinnerung ist das Weihnachtsfest 1949: Wir wohnten in der damaligen Ostzone in Halle/Saale und ich war fast zehn Jahre alt. Mein Vater war im November 1949 nach langer Ungewissheit aus russischer Kriegsgefangenschaft heimgekehrt! Es war eine Sensation für mich, denn ich hatte endlich wieder einen Vater, den ich nur aus Erzählungen meiner Mutter und von Fotografien her kannte und auf den wir sehnlichst warteten. Nun war er da!

Heiligabend gingen wir nach Jahren der Trennung das erste Mal zusammen zur Kirche, wir waren wieder eine Familie und ich fühlte mich sehr geborgen. In vielen Fenstern aber standen in der Christnacht noch brennende "Heimkehrer-Kerzen" zum Gedenken an alle, die noch nicht wieder zu Hause waren. Aber mein Vater war wieder bei uns und keines der bescheidenen Geschenke konnte diese Weihnachtsfreude aufwiegen.

Kinderträume
– in der Weihnachtszeit –
von Sieglinde Seiler

Wovon träumen die kleinen Kinder
im Advent, der Vorweihnachtszeit?
Sicher nicht nur von Geschenken,
sondern dass der Himmel schneit!

Kinder träumen von Geschenken,
die ihnen das Christkind bald bringt.
Sie möchten mit den Eltern spielen,
lieben es, dass man im Advent singt.

Sie lauschen gern vor Weihnachten,
wenn die Oma Geschichten erzählt,
und sie Geschichten vom Christkind,
dem Nikolaus und Engeln auswählt.

Manches Scheidungskind wünscht,
dass sich seine Eltern wieder lieben,
die ständigen Streitereien aufhören,
in der Kinderseele einkehrt Frieden.

Weihnachtliche Träume der Kinder
spiegeln ihre Sehnsucht im Herzen.
Kinderaugen leuchten und staunen,
wenn sie flackern sehen die Kerzen.

Es geht nicht um große Geschenke.
Auch kleinere Dinge schenken Glück.
Wenn wir uns mit den Kindern freuen,
kommt der Klang der Freude zurück.

Die Kerze
von Renate Düpmann

Nur etwas Wachs und ein Docht,
für vieles ein Symbol jedoch.
Sie kann die Dunkelheit erhellen,
sich für den Weltfrieden aufstellen,
in die Herzen trägt sie Wärme,
sie erinnert an die Sterne,
deren Licht bis zu uns strahlt.
Für die Hoffnung leuchtet ihre Flamme,
Weihnachten schmückt sie die Tanne.
Wir sehen sie an und hoffen,
dass unser Sehnen und Träumen,
erhellt von ihrem Licht,
in uns niemals erlischt.

Damals …

von Elfriede Weber

Vor ungefähr vierzig Jahren sollte der Weihnachtsmann in der letzten Buben-Turnstunde vor dem Heiligenabend erscheinen. Der arme Kerl hatte sich jedoch kurzfristig krank gemeldet. Da wartete nun ein mit Lederfußbällen bis zum Rand gefüllter Krabbelsack in der Sporthalle unseres kleinen Dorfes. Die Verwaltung des Vereins hatte sich vergeblich bemüht, kurzfristig einen Ersatz zu finden. Sämtliche Telefone waren rund um die Uhr besetzt. Kein männliches Wesen war aufzutreiben, um diese Rolle zu übernehmen! Deshalb hatte ich mich, als junge sportbegeisterte Mutter und Mitglied des Turnvereins spontan bereit erklärt, diesen Auftritt zu wagen.
Mein sechsjähriger Sohn Tim nervte mich damals wochenlang mit seinen Fragen: „Gibt es den Nikolaus oder Weihnachtsmann und das Christkind denn wirklich? Mama, ich habe meinen Wunschzettel in den Spalt der dicken Eiche am Ortsausgang gesteckt, so wie du es mir empfohlen hast, doch als ich heute nachgeschaut habe, hing das Papier, von Regen und Schnee durchnässt, am Baumstamm herab! Jetzt bin ich mir einfach nicht mehr sicher, ob es überhaupt einen *echten* Weihnachtsmann gibt." Behutsam hatte ich versucht, Tim zu erklären: „Mein Schatz, ich weiß es auch nicht so genau, denn die Weihnachtsmänner und Nikoläuse, die in der Weihnachtszeit überall auftauchen, sind ja nur verkleidete Menschen. Doch wer eine ganz genaue Beobachtungsgabe besitzt, dem wird es sofort auffallen, wenn er dem echten Weihnachtsmann begegnet."
Der Vorstand persönlich überbrachte mir das Weihnachtsmannkostüm samt Wattevollbart und Augenbrauen. Er meinte: „Sie müssen Ihre Stimme eben trainieren, damit sie tiefer klingt, und verstecken Sie die edle rote Robe gut vor Tim." Ich war erstaunt, wie tief meine

Stimme nach einigem Üben klang. Schließlich wollte ich am Abend als ‚*echter* Weihnachtsmann' beim Bubenturnen auftreten.
Hervorragend verkleidet, in pelzbesetztem Kapuzenmantel, Pelzstiefeln, Handschuhen und Rute, stapfte ich durch den hohen Schnee zur Turnhalle. Hinter dem Eingang fand ich in einer Ecke versteckt den Sack mit den Geschenken. Nach mehrmaligem Pochen hatte mir der Übungsleiter die Hallentür geöffnet. Während ich den Schnee von den Stiefeln klopfte, rannten die kleinen Turner aufgeregt durcheinander. Beim Betreten der Halle hatte ich mit donnernder Stimme gerufen: „Aber hallo, wollt ihr euch gefälligst in Reih und Glied aufstellen?“ Die Schlingel stellten sich blitzschnell hintereinander auf, wobei keiner der Erste sein wollte. Ich türmte mich mit schwingender Rute vor der Gruppe auf, streifte langsam meinen rechten Handschuh ab, indem ich mit tiefstem Klang in der Stimme die Frage stellte: „Wer von euch der Meinung ist, im letzten Jahr nicht unangenehm aufgefallen zu sein, der darf als Erster in den Sack greifen.“
Keiner der Jungen rührte sich, nur der Turnlehrer hatte sich gemeldet: „Lieber Weihnachtsmann, es ist erfreulich, dass über das Jahr nichts Gravierendes vorgefallen ist. Zwar mussten einige Burschen verwarnt werden, doch wie ich sehe, haben die sich in der Reihe nach hinten verdrückt. Und dass dem Weihnachtsmann in Zukunft keinerlei Klagen zu Ohren kommen, wollt ihr ihm dies versprechen?“, fragte der Lehrer. Sofort folgte aus der Gruppe ein einstimmiges *„Jaa.“*
Zögernd hatte jeder der Burschen sich einen Ball aus dem Sack geholt und ich war erstaunt, dass mich mein Sohn Tim ganz genau musterte, bevor er in den Sack griff.
Wie ehrfurchtsvoll doch die Kinderaugen auf meiner Gestalt ruhten, ihren Ball fest an die Brust gedrückt. Ich

verabschiedete mich bei jedem Einzelnen per Handschlag und musste mich sputen, damit ich vor Tim zuhause war.

Das Abendbrot stand längst bereit, als mein Sohn endlich mit blaugefrorenen Fingern nach Hause kam. Wie immer, hatte er mit hektischen Bewegungen seine Schneestiefel in die Flurecke geschleudert und mir zugerufen: „Hallo Mama, heute war es supercool im Turnen. Der *echte Weihnachtsmann* war da und hat jedem von uns einen Lederfußball mitgebracht; und Mama, stell dir vor, er hatte genau den gleichen Ehering angehabt, *wie du*!“

Weihnachtsgedicht
von Michaela Stöver

Kein Wachsen gibt's mehr
Natur gibt Ruh
ich schau nur dem Stern beim Blinken zu
der dort drüben im Fenster thront
wo der liebe Nachbar wohnt.

Die Langeweile packt mich immer wieder
geh mal im Dunkeln spazieren
weil sonst meine müden Glieder
bald Krampfadern zieren.

Das ewige Blinken
das Glühpunschtrinken
das Plätzchengebacke
und Päckchengepacke
hilft nicht so recht.
Echt.

Doch siehst du die Knospe am Baum
und träumst so manchen Wintertraum
der vielleicht im nächsten Jahr wachsen will
und hältst du inne
wirst mucksmäuschen still

und zieht dann Liebe und Frieden im Herzen ein
das könnte dann Weihnachten sein.

Josef
von Kristina Klabes

Mit einem Freund
einst Josef sprach.
Er sagte:
Ach,
ich hatte niemals eine Wahl.
Maria war mir nie egal!
Ich glaub,
du sahst sie nur einmal.
Sie war sehr jung,
sehr stark, sehr schön!
Ich sah sie trotzdem schon
an fliegenden Steinen zugrunde gehen!
Sie musste einfach mit mir gehen!
Was hätte sie wohl angefangen,
ohne mich?
Sie zu schützten war mir heilige Pflicht,
denn sicherlich
hätten die anderen sie sofort verbannt,
hätten sie ihre Schwangerschaft erkannt.
So bot ich ihr an,
mit mir zu gehen,
und versprach ihr,
mit ihr all das durchzustehen,
was durchzustehen war.
Und Maria sagte: JA.

Bald machten wir uns auf die Reise,
befohlen von Augustus, unserem Kaiser.
Bei Nacht und Nebel gingen wir leise
und verließen unseren Ort,
der uns kein Hort mehr war.
Mühsam war's,
das kannst du dir denken,

doch wurden wir oft überrascht
mit Geschenken.
Wir fanden zum Beispiel
zum Schluss kein Hotel.
Die Nacht war sehr finster,
kein Mond schien hell.
Doch fanden wir Schutz
in einem Stall,
gut ausgepolstert mit Stroh überall.
Maria war von den Wehen
schon benommen
und mir war vor Angst
das Herz ganz beklommen.
Was, wenn bei Jesus' Geburt
ein Unglück geschah?
Mit Gottes Sohn!

Undenkbar! Undenkbar!

Doch das Baby kam leicht -
es ging alles klar
und die Erfahrung war für mich
wirklich wunderbar!
Strahlend war unser Gottessohn!
Für all die Anstrengung schönster Lohn!

Als ich dann trat aus dem Stall heraus,
um Atem zu schöpfen,
sah draußen alles ganz anders aus!
Am Himmel strahlte ein riesiger Stern
und Musik, bezaubernd schön,
konnte ich hören!
Überall schwebten Engel umher!
Ich war völlig sprachlos -
und weinte dann sehr.
Maria war glücklich, das konnte ich sehen,

Tränen der Freude sah ich
in ihren Augen stehen!
Die Engel kamen zu uns in den Stall,
so hell und leuchtend
und überall
waren plötzlich Schafe zu sehen,
auch sahen wir Hirten bei ihnen stehen.
Der Ochs und der Esel
aus unserem Stall
schienen zu lachen -
und das war normal!

Ich sag dir,
so etwas hast du nie erlebt,
auch ich hätt' nie gedacht,
dass es so etwas gibt.
Doch bin ich nun
Ziehvater von Gottes Sohn
und ich danke von Herzen
Gott
auf seinem Thron!

Nun weißt du, mein Freund,
was alles geschah,
seit ich dich zuletzt in Davids Stadt sah.
Meinst du, ich hab' alles richtig gemacht?
Ich hab' so viel darüber nachgedacht.
Doch fragt' ich Maria, hat sie nur gelacht.
Sie sagt,
Gott selbst hätt' es nicht besser gemacht.

Ein himmlischer Rentner

(Ein modernes Märchen)
von Annette Wübbel

Nikolaus wollte sich zur Ruhe setzen und deshalb in Rente gehen. Eigentlich hatte er vorgehabt, noch 50 Millionen Jahre weiterzuarbeiten – eine im kosmischen Maßstab eher kürzere Zeitspanne, fühlte sich aber schon jetzt zu ermattet und erschöpft, um durchzuhalten. Die Erdenbürger hatten für diesen Zustand auch ein bestimmtes Wort erfunden, das ihm leider entfallen war.

Petrus versuchte natürlich mit aller Macht, ihn in einem ausführlichen Gespräch umzustimmen. „Bist du dir sicher, dass du das auch wirklich willst? Bei deiner übergroßen Liebe zu den Erdenbürgern? Sie hängen doch so sehr an dir, besonders die Kinder!"

„Hör mir bloß auf mit den Kindern!", klagte er. „Die ‚Kids' von heute glauben schon längst nicht mehr an mich. Wenn ich in meinem roten Gewand auftrete, halten sie mich für den Weihnachtsmann aus der Coca-Cola-Werbung. Mit dem Namen ‚Nikolaus' können viele nichts mehr anfangen."

„Das ist sehr bedauerlich", erwiderte Petrus. „Da stellt sich ein Problem: Wer überhaupt wäre in der Lage, deinen Platz auf Erden einzunehmen!", fuhr er fort. „Wir können ja mal spaßeshalber unser himmlisches Personal durchgehen!"

„Frag doch mal die Erzengel, vielleicht springt Michael für mich ein! Der gibt sich doch immer so dynamisch!"

Petrus zog sein großes, goldenes Buch aus der Tasche seines Gewands hervor, machte sich Notizen und bemerkte: „Wo ist eigentlich dein treuer Begleiter ‚Knecht Ruprecht' abgeblieben? Ich hab' ihn schon länger nicht mehr gesehen."

„Der ist abgetaucht. Kann ihn gut verstehen. Die Nummer mit der Rute und dem Sack zog sowieso nicht mehr,

wurde zu gefährlich. Er hat mehrere Verfahren am Hals wegen schwerer Körperverletzung und Kindesentführung. Viele Eltern haben kein Einsehen mehr dafür, dass ihre Sprösslinge für ihre Ungezogenheit auch bestraft werden müssen. Sie lassen sie einfach gewähren."
„Was läuft dann da unten auf Erden in den Familien bloß ab? Gibt es keine Strafen mehr? Müssen denn die Kinder nicht mehr für ihre Sünden Buße tun?"
„Du wirst es kaum glauben! Wenn z. B. die Schüler keine guten Abschlussnoten von ihren Lehrern bekommen, drohen Eltern bereits mit dem Rechtsanwalt. Sie befürchten, dass die Schule ihren entzückenden Kindern die berufliche Zukunft verbaut."
Petrus war entrüstet. Er dachte angestrengt nach. Und dachte laut: „Na ja, Luzifer war ja auch mal ein Engel. Er müsste die Menschen eigentlich am besten kennen, er bewegt sich ja permanent unter ihnen."
Nikolaus hatte aufmerksam zugehört: „Das ist doch nicht dein Ernst, diesen - pardon - Mistkerl in Erwägung zu ziehen. Er schlüpft zwar in die unterschiedlichsten Rollen, aber als edler Wohltäter aufzutreten, ist nun ganz und gar nicht sein Ding. Unvorstellbar! Der Teufel trägt am liebsten Prada!"
Petrus dachte weiter nach. „Gibt es nicht auf Erden einen Vertreter der Kirche mit überdurchschnittlichen Fähigkeiten? Er müsste nicht unbedingt einer der höchsten Würdenträger, wie ein Papst oder Kardinal, sein! Du kennst dich ja sicher aus, Nikolaus!"
„Da kannst du lange suchen. Vor allem brauchte er besondere navigatorische Fähigkeiten, schon allein für den Weg zur Erde. Seit dem die Menschen die Raumfahrt erfunden haben, fliegt einem ständig irgendein Weltraumschrott um die Ohren. Dem auszuweichen, ist nicht immer leicht. Was denkst du, was da an meinem Schlitten so alles hängen bleibt: Metallteile von ausgemusterten Satelliten, Handschuhe von Astronauten und

vieles mehr."
Petrus kam aus dem Staunen nicht mehr heraus: „Was? Davon hast du mir ja noch nie etwas erzählt!"
„Na ja, dabei kannst du mir sowie nicht helfen. Da muss ich eben durch", meinte Nikolaus etwas resignierend. Er begab sich zu seiner himmlischen Hängematte, streckte sich genüsslich aus und ließ Gott einen guten Mann sein. Was kümmerten ihn eigentlich diese albernen Weihnachtsgeschenke der verwöhnten Erdenbürger!
Wenn er so an die Wunschzettel der jungen Leute dachte ... sie träumten von kleinen handlichen Geräten mit tausend Tasten und Leuchtfenstern und bekamen nie genug davon. Ob sich wohl jemand auch mal Gedanken darüber machte, wie mühselig dieses Geschäft inzwischen für ihn, den Nikolaus, geworden war?

Derweil beschäftigte sich Petrus eingehend mit dem Casting. Und kam nach einiger Zeit mit niederschmetternden Nachrichten zurück. Nikolaus schaukelte schläfrig in seiner Hängematte hin und her. Petrus trat an ihn heran: „Ich habe niemanden gefunden, der dir auch nur annähernd das Wasser reichen könnte. Es ist ein Desaster!"
Nikolaus brummelte vor sich hin: „Nicht mein Problem."
„Jetzt hör' mir mal gut zu!" Petrus wurde streng. „Von den Erzengeln traute sich niemand zu, deine Tätigkeit zu übernehmen. Die Erde ist ihnen fremd. Sie beobachten zwar häufig das menschliche Leben aus der Ferne, wundern sich aber über diese unruhigen Wesen, die in Blechkisten ständig hin- und hersausen. Ich habe mich auch schon gefragt, warum und wozu sie das machen. Vielleicht kannst du mir das ja erklären, Nikolaus! Selbst Luzifer kommt nicht in Frage: der ist völlig überlastet! Er rast von einem irdischen Krisenherd zum anderen. Dass die Menschen so viel Spaß an seinen Feuersbrünsten,

die er gezündet hat, haben würden, hätte er nicht erwartet. Dann ist mir da noch dieser polnische Papst eingefallen, der kürzlich heiliggesprochen wurde. Der weilt ja noch nicht lange in unseren himmlischen Gefilden, er muss sich erst mal hier einleben. Also kann ich ihn unmöglich wieder zur Erde zurückschicken, das würde die Christenmenschen fürchterlich durcheinanderbringen. Was meinst du?“ Petrus war völlig rat- und hilflos.
„Dann muss das Weihnachtsfest mit all‘ seinem Trubel wohl oder übel ausfallen“, stellte Nikolaus ungerührt fest.
„Das hat es seit über Tausenden von Erdenjahren ja noch nie gegeben!“, rief Petrus entrüstet.
Nikolaus fuhr fort: „Ich habe keine Geschenke vorbereitet, also wird's auch keine Bescherung geben. Meine Rentiere habe ich übrigens laufen lassen – in alle Himmelsrichtungen. Sie waren am Ende ihrer Kräfte. Kein Wunder nach der ewigen Plackerei! Und beide Schlitten sind in den Brennöfen der Hölle gelandet, sie erfüllten einfach nicht mehr die nötigen Sicherheitsstandards: Im Land der Deutschmenschen wären sie noch nicht einmal mehr durch den TÜV gekommen! Ich werde jetzt erst mal meinen Rentenantrag aufsetzen, da kommt durch die Jahrhunderte ja einiges zusammen!“ Nikolaus rieb sich erwartungsvoll die Hände.
„Moment mal – Rentenantrag?“ Petrus kratzte sich am Kopf. „So etwas gibt es bei uns im Himmel gar nicht! Wie sollte man eine Rente überhaupt zeitlich berechnen? Da sieht man mal, wie sehr du dich bereits an irdische Verhältnisse angepasst hast! Du denkst ja schon wie die Erdbewohner – nämlich materiell. Vielleicht ist das der Grund für ihre permanente Unruhe. Würde mich nicht wundern.“ Nikolaus zog sich schmollend zurück. Von nun an gab es auf Erden keine Weihnachtsbescherungen mehr. Eine völlig neue und ungewohnte Situation.

Wie ging es weiter?

Auf der Erde herrschte trüber Oktober, auch stimmungsmäßig. Die Geschäftsleute wurden langsam unruhig, weil die längst überfällige Lieferung der Weihnachtsware ausblieb. Sie zogen Erkundigungen ein bei Großhändlern und sogar den jeweiligen Wirtschaftsministerien, ohne genaue Informationen zu erhalten. Auch die Geheimdienste wurde eingeschaltet.
Man vermutete von Regierungsseite, der Nikolaus sei entführt worden! Aber wer sollte daran ein Interesse haben? An wen sollten der oder die Täter eventuelle Lösegeldforderungen richten? Vermutlich handelte es sich auch nur wieder um einen üblen Scherz des Teufels! Der einmal eine neue Bosheit ausprobieren wollte.
Sämtliche Medien berichteten täglich über diese rätselhaften Vorkommnisse. Dann meldete sich plötzlich der Vorsitzende der Deutschen Bischofskonferenz zu Wort und gab ein Exklusivinterview im Fernsehen: „Aus sicherer Quelle wurde mir zugetragen, dass der Hl. Nikolaus vor einigen Monaten in Streik getreten ist. Mehr kann ich im Augenblick dazu nicht sagen.“ Über seine *sicheren Quellen* schwieg sich Hochwürden beharrlich aus.
Diese Nachricht löste gleich mehrere Erdbeben aus. In den christlichen Ländern gingen die Menschen spontan auf die Straße und protestierten. Sie trugen riesige Transparente vor sich her mit der Aufschrift „Nikolaus komm in unser Haus“. Der Vatikan wurde regelrecht bestürmt, so dass die Schweizer Garde eingreifen musste. Der Papst flüchtete durch einen Geheimgang in die Engelsburg, so wie es Jahrhunderte zuvor seine Vorgänger von Zeit zu Zeit getan hatten, wenn feindliche Truppen in die Stadt einrückten oder Kämpfe zwischen den mächtigen Adelsfamilien bedrohliche Ausmaße

annahmen.
Er fürchtete nämlich um sein Leben. Die Menschen suchten einen Sündenbock, das war so ihre Art. Je näher das Weihnachtsfest rückte, umso mehr Geschenkeläden mussten Insolvenz anmelden. Viele Menschen reagierten mit panischer Angst und bereiteten sich auf den angeblich bevorstehenden Weltuntergang vor. Sogar in nicht christlichen Ländern wurden tonnenweise Bibeln verkauft, jeder wollte sich über das Jüngste Gericht informieren. Die Menschen rückten näher zusammen, belagerten die Kirchen, die Priester mussten bis spät in die Nacht hinein pausenlos Gottesdienste abhalten. In Jerusalem gingen sämtliche Lichter aus. Über alle Kontinente hinweg läuteten die Glocken, dann setzte plötzlich eine große Stille ein. Der Verkehr in der Luft, auf dem Wasser, auf den Schienen und Straßen war eingestellt worden. Der größte Teil der Menschheit verharrte in einer Art Schockstarre. Petrus und die Erzengel beobachteten diese Vorgänge durch ihre himmlischen Fernrohre und verstanden die Welt nicht mehr. So etwas hatte es in der kleinen Milchstraße noch nie gegeben.
In allergrößter Sorge wandte sich Petrus an den obersten Chef. Und dieser zitierte Nikolaus sofort zu sich. Was da im Einzelnen besprochen wurde, ist nicht überliefert. Man kann nur spekulieren.
Uns interessiert ja eigentlich nur das Ergebnis. Machen wir es kurz. Nikolaus wurde wieder in sein Amt als Wohltäter der Menschen eingesetzt. Sein Widerstand war zwecklos. Weihnachten fand wieder wie gewohnt statt. Die Erdenbürger erwachten zu neuem Leben. Sie waren allerdings etwas nachdenklicher geworden, besonders in Bezug auf die Grundbedeutung des Weihnachtsfestes.

Nachdem Nikolaus von seinen weihnachtlichen Aktivi-

täten in den Himmel zurückgekehrt war, vertraute er Petrus an: „Ach, war das wieder eine Freude, in die strahlenden Kinderaugen zu sehen! Ich glaube, während meiner *Auszeit* hat mir doch etwas gefehlt.“
Petrus atmete erleichtert auf. Für die nächsten Jahrtausende hatte er ein Problem weniger.

Weihnachtsgeläut
von Erika Dreßler

Weihnachtsgeläut
dringt in die Herzen,
wo vorher noch waren
Sorgen und Schmerzen.
Es ist hohe Zeit -
seid ihr bereit -
die Botschaft in euch aufzunehmen
oder wollt ihr euch ständig
nur danach sehnen?
Seid ihr bereit -
zu ändern euer Verhalten
oder bleibt doch weiterhin alles beim Alten?
Seid ihr bereit -
zu teilen, was uns im Überfluss beschert?
Seid ihr bereit -
zu helfen, wo Hilfe in Not noch verwehrt?
Oder sagt ihr, es ist uns nichts wert.
Dann traf die Botschaft auf taube Ohren.
Wer sonst, wenn nicht ihr,
ist denn dann auserkoren?

Weihnachtsgeläut
im Erdenrund,
tut uns frohe Botschaft kund.
Strömet aus in Eis und Kälte
und es ist ein Klang, der gelte ...

Weihnachtsbäckerei
von Sieglinde Seiler

Die Kinder können es kaum erwarten –
heute am Samstag haben sie schulfrei.
Bald duften leckere Plätzchen im Ofen.
Eröffnet ist unsere Weihnachtsbäckerei!

Der Teig klebt schon in Erikas Haaren,
denn Kinder sind mit Feuereifer dabei!
Es riecht nach Vanille, Zimt, Gewürzen
und Mama trennt gerade ein Hühnerei.

Fritzchen will wieder den Teig versuchen.
Hoffentlich wird ihm davon nicht schlecht.
Als er mich aber mit großen Augen bittet,
kann ich's nicht abschlagen. Es ist recht.

Der Teigklumpen wird allmählich kleiner.
Es ist ein Ende der Back-Aktion in Sicht.
Wenn es endlich an das Verzieren geht,
sehe ich langsam am Horizont ein Licht.

Jetzt wird die Schokolade geschmolzen,
um das fertige Spritzgebäck zu verzieren.
Auch Papa will kosten und ich bin dabei,
bei dem Trubel, die Nerven zu verlieren.

Leider bleibt es mir, die Küche zu putzen –
dafür wurde die Meute ins Bett gebracht!
Jetzt wartet eine Tasse Glühwein auf uns
und stolz koste ich die gebackene Pracht.

Am Adventskranz brennt die dritte Kerze.
Wir genießen die Ruhe und ihren Schein.
Draußen fallen die ersten Schneeflocken.
Darüber werden die Kinder glücklich sein.

Nikolaus besucht ein Flüchtlingskinderlager

von Dietrich Wilhelm Grobe

Der Nikolaus hatte sich für 2016 zu Weihnachten vorgenommen, in Germanien ein Lager zu besuchen, in dem Kinder untergebracht waren, die aus ihrer Heimat vor Terror und Kriegsgeschehen flüchteten und dabei ihre Eltern verloren oder zurücklassen mussten. Die Begleiter des Heiligen Mannes waren auch diesmal: der treue Knecht Ruprecht, der kleine Engel Flatterfroh und die Eselin Asina, die einen mit Spielwaren und himmlischem Backwerk hoch beladenen Wagen zog. Dieser Vorhut folgten unzählige Mütter, Väter und Kinder deutscher Sprache, die zum Weihnachtsfest oder gar über die Jahreswende hinaus jeweils einige der kleinen Flüchtlinge mit nach Hause nehmen wollten, um ihnen kurzzeitig einen familiären Ersatz bieten zu können. Ein Elternpaar, das dem Folgezug voranging, trug ein Schild mit der arabischen Aufschrift:

بيتنا بيتك

baitna baitak

Unser Haus sei dein Haus!

Am Eingangstor warteten viele kleine Flüchtlinge, vor allem aus Afghanistan, Eritrea, Somalia, dem Sudan und Syrien. Sie begrüßten mit ihren Betreuerinnen und Betreuern die Gäste und führten sie zum Versammlungsplatz inmitten des Lagers. Hier segnete der Nikolaus die Wartenden in arabischer Sprache, die Afghanen in Paschtu und Dari, die Eritreer in Tigrinya, die Somalier in Somali. Dann erzählte er nach dem Koran, Sura 19, 17-28 von der Geburt Jesu und dem Wunder der hilfreichen Palme, die Datteln als Nahrung spendete und dem Bächlein, das erfrischte. Anschließend gab er seinen Mitstreitern ein Zeichen und half bei der Verteilung der Geschenke. Die Vorräte reichten nicht aus;

doch auch die Betreuungseltern und ihre Kinder waren nicht mit leeren Händen gekommen: Rasch wechselten Teddybären, Puppen und andere Spielsachen die Besitzer. Auch Gebackenes fand guten Absatz. Danach führten die Helferinnen und Helfer - sorgsam registrierend - Gasteltern und Flüchtlingskinder zusammen.
Die kleinen Gruppen zogen fröhlich von dannen, eine Verständigung war bald in munterem Kauderwelsch und mit Gebärdensprache hergestellt.
Nikolaus, Flatterfroh und Asina blickten ihnen nach; der Heilige murmelte: „Es sollen nicht die Kinder den Eltern Schätze sammeln, sondern die Eltern den Kindern." (2. Brief des Paulus an die Korinther: 12, 14)

Die Hirten
von Gerburg Tsekouras

Sie hielten Wacht bei ihren Schafen
und hatten Glut entfacht,
um nicht im Dunkel einzuschlafen
in jener langen Nacht.

Sie kamen, um sich aufzuwärmen
am windgeschützten Ort
und hörten ferne Hunde lärmen,
und keiner sprach ein Wort.

Es war wie eh und je: Ihr Leben
von Müh' und Sorgen schwer.
Sie nahmen's wie es war gegeben
und fragten nicht nach mehr.

So saßen sie im Kreis beisammen,
die müde, graue Schar,
und schauten schläfrig in die Flammen
- die Nacht war sternenklar -,

als plötzlich ihre Augenlider
ein heller Glanz durchdrang,
der sie in jähem Schrecken nieder
auf ihre Knie zwang.

Sie hörten Engelsstimmen schallen:
„Ehr' in der Höh' sei Gott,
auf Erden Fried' und Wohlgefallen
den Menschen in der Not!"

Und als sie dann im armen Stalle
das kleine Kind gesehn,
da wussten sie, dass für sie alle
ein Wunder war geschehn.

Sie ahnten tief in ihren Herzen
die Botschaft schlicht und klar:
In allem Dunkel, allen Schmerzen
ist Gott den Menschen nah!

Ihr Leben war wie je das alte
und doch das alte nicht,
denn über allem hell erstrahlte
der Stern der Zuversicht.

Sie gingen heim zu ihren Schafen,
noch immer unterm Stern,
und weckten Jung und Alt vom Schlafen
und priesen Gott den Herrn.

Nachkriegs-Weihnachten - kein Familienfest

von Renate Blume

Am 18.11.1947 schrieb meine Mutter, Frau Annemarie Sommer, eine Karte an meinen Vater in das Gefangenenlager nach Tiflis / Kaukasus CCCP Lager-Nr. 7236/3. Diese Antwortkarten wurden damals von der Karte des Absenders abgetrennt und aufgrund des begrenzten Formats waren die Mitteilungen aus der Heimat sehr kurz und manchmal verschlüsselt. Auch wurde oft ein kleines Foto aufgeklebt, welches die Antworten noch mehr auf Stenogramm-Stil reduzierte. Sie schreibt also:

Halle, den 18.11.1947

Mein lieber Richard und mein gutes Väterchen! Deine liebe Karte hocherfreut (Nr. 10 vom 9.9.) am 15.11. erhalten. Große Beruhigung, da schon in Sorge um Dich. Dachten schon, Du kommst noch vor Weihnachten heim, aber leider war unser Hoffen und Warten wieder vergebens. Bei der Weihnachtsfeier wird Renate einige Lieder auf dem Klavier vorspielen. Mein Weihnachtslied bist Du. Wir denken mehr denn je an Dich in unveränderter Liebe. Du kannst um mich ganz beruhigt sein, ich habe bisher alles gut gemeistert. Arbeit habe ich sehr viel, wie Du Dir vorstellen wirst. Ob uns das Jahr 1948 das ersehnte Wiedersehen bringen wird? Gott gebe es! Alle Angehörigen, *Freunde und Kollegen grüßen Dich. Von uns tausend Grüße und Küsse Deine Annemarie und Renate.*

Mein Vater kam erst am 1.11.1949 nach 3 Jahren russischer Kriegsgefangenschaft wieder nach Hause - am Todestag seiner Mutter, die 2 Jahre zuvor gestorben war. Seine eigene Schwester hat ihn zuerst kaum wiedererkannt.

Heilige Nacht
von Betti Fichtl

Schneeflocken
tanzen nieder
auf das
funkelnde Eis
wie zur Choreographie
eines Engels.

Verschleiern Dächer
und Straßen
im geheimnisvollen Schweigen.

Fenster im Licht
zeigen
so manchen Baum
hell erleuchtete Kirchen
zelebrieren
die Weihnachtsmesse.

Sie ist geheiligt
die Nacht.

Ein Heiligabend voller Freud und Leid
von Brigitte Lehmann

Die Weihnachtstage stehen schon fast vor der Tür. Letzte Einkäufe, Geschenke einpacken und uns bei den Nachbarn mit frohen Wünschen verabschieden. Thomas, mein Enkel, hat mit seiner Anja gerade ihre erste eigene Wohnung bezogen. Wir sind alle bei ihnen zum Weihnachtsfest eingeladen.
Ich freue mich auf die Fahrt nach Berlin. Mein Sohn und meine Schwiegertochter erwarten mich pünktlich am Bahnhof und gemeinsamen werden wir den Weg zur Feier bei den jungen Leuten antreten.
Der Koffer ist gepackt und Kerstin, meine liebe Nachbarin, fährt mich zum Bahnhof.
„Es fährt heute kein Zug nach Berlin, bitte alle im Bus einsteigen", wird ausgerufen. Gerade nahm ich Platz und wir sahen im Gleis gegenüber den Zug nach Stralsund. Somit alle flott durch den Tunnel und schnell einsteigen. Das Personal war ebenso unsicher, wie wir Reisenden. Der Zug fährt nach Wittenberg, kann nicht zurück über Berlin, hieß es. Es gab eine Katastrophe, wurde verkündet. Nahe der Stadt Luckenwalde hat sich jemand unter einem anfahrenden Zug das Leben genommen. Eine solche Nachricht am Heiligabend!
Das machte uns, die Wartenden, entsetzt und traurig. Man dachte an die Heimgebliebenen, die Familie, die Kinder. Es war so unglaublich, allen standen Tränen in den Augen. Mit Bussen wurden wir nach Trebbin gebracht. Ständig kam eine Durchsage, der Notarzt ist noch am Unfallort beschäftigt und wir werden von einer Berliner Bahn abgeholt. Fast zwei Stunden warteten wir am Trebbiner Bahnhof. Es war ein sonniger Tag, man musste nicht gerade frieren. Alle Reisenden waren verständnisvoll, dachten nur an das traurige Ereignis zu einer solchen Zeit.

In Berlin angekommen, stand mein Sohn am Bahnhof, um mich zu empfangen. Meine Nachbarin, die mich zum Bahnhof brachte, hatte meinen Sohn über das Geschehende informiert. Dann schnell zur Wohnung meiner Kinder Holger und Elke. Ich musste erst zur Ruhe kommen. Ein so trauriges Vorkommnis an einem mit Freude erwarteten Feiertag kann man nicht einfach wegstecken. Es stellte sich heraus, der lebensmüde Mensch war eine Frau.
Endlich konnten wir Anja und Thomas begrüßen. Dass wir erst zu einer späteren Zeit kommen können, hatte Holger ihnen bereits mitgeteilt. Der Besuch in der neuen Wohnung, alles so festlich angerichtet; der im vollem Glanz stehende erste Weihnachtsbaum unserer Lieben war dem heutigen Tag so wunderbar angepasst. Ich freue mich und zittere dennoch meines gerade miterlebten Leids. Anja überraschte uns mit einem leckeren Menü. Die liebevoll weihnachtlichen Geschenke wurden, wie es seither in unserer Familie stets üblich ist, mit lustigen Würfeln in der Runde dem Empfänger überreicht. Ich hielt mich zurück mit meinem tagsüber Erlebten. Die Freude mochte ich den jungen Leuten für all ihre Mühe nicht verderben.

Weihnachten naht - wieder
von Brigitte Schaefer

Wieder naht die **Weihnachtszeit.**
Kindern scheint die Spanne weit
bis Heilig-Abend endlich da.
Für Ältere verging ein Jahr
viel zu schnell, wie man vernimmt,
Zeitempfinden ungleich stimmt.

Advent, Advent, beschaulich Tage?
Wer erkennt sich bei der Frage:
„Was schenke ich; was wird gefallen?" –
Beschäftigung derzeit von allen.
Bleibt der Sinn in uns verborgen,
auch für's Weihnachten von morgen?
Nimmt uns nicht das Zeitgescheh'n
viel von dem, was „einfach" schön?

Kerzenlicht und Tannenduft,
vom Plätzchenbacken süße Luft,
Heimlichkeit! - Behutsam, sacht,
einst Geschenke selbst gemacht,
die, mit Recht und vollem Stolz,
überreicht aus Tuch, auch Holz.

Sinnvoll schenken, überraschen.
Stille Freud', versteckt beim Naschen.
Alte, neue Weihnachtslieder,
alle Jahre kehr'n sie wieder ...
bereits im Kaufhaus mit Gedudel!
Wer hört das noch im Wirtschaftstrubel?

Wenn Hektik uns're Stimmung nährt,
läuft hier manches nicht verkehrt?
Lang', dauert heut' die Weihnachtszeit,
längst im **September** weit und breit
begegnen wir den Nikoläusen –

Boten in Stanniolgehäusen.
Hier und da im Stadtgeflimmer,
erster Baum im Lichterglimmer,
wenn bunt frohlockt noch Herbstes Traum,
wirkt ein Weihnachtsbaum doch kaum.

Im **Oktober,** früh alsdann,
beginnt der erste Einkaufs-„Run"-
Der Oma, scheinbar schon gewiss,
spendet man ein neu' Gebiss,
da beim deftig' Gänsebraten,
sie in Beißnot mal geraten.

Begehrter: Kleidung, Telespiel,
im **November,** viel zu viel ...
Wenn schon vergriffen, was gefällt,
erhält die Jugend dafür Geld.
Vernunft, eh' es doch umgetauscht,
nur, ob es das Gemüt berauscht?

Was bleibt für's Fest im **Letztmonat,**
wenn jeder alles weiß, schon hat?
Nur eine kleine Heimlichkeit,
die **Heilig-Abend** noch erfreut'
sollt' den Sinn des Schenkens zeigen,
im wiederholten Jahresreigen.

Bedauern gilt der Kinderwelt,
die emsig schon Moneten zählt.
Das Teuerste ist zu verschmerzen,
wenn's nicht verpackt von ganzem Herzen.
Zwar **Weihnachten,** wie es mal war,
entgleitet uns, nichts bleibt - wohl wahr.

Die Welt - im Wandel - scheint verdreht,
den Älteren Verständnis fehlt,
So ist nun mal der Lauf der Zeit,
wenn nur die Menschheit wird gescheit ...

Die Jugend muss sich sehr besinnen,
der Erdenball spuckt Glut von drinnen.

Wünschenswert ein frommer Traum,
hinterlegt am Weihnachtsbaum:
Wir sollten uns're Wege lenken
in and're Bahnen, reicher schenken
mit Herz, Verstand und maßvoll sein,
dann erst kehrt **einig Frieden** ein.

Schenkt Menschen Zeit, die ganz allein,
holt sie in Eure Stube rein.
Wer **Freud'** erkennt am dankbar' Blick,
verspürt sogleich sein Weihnachtsglück,
bereichert durch **Zufriedenheit,**
wie einst in ferner Kinderzeit ...

Nicht jedes Kind wird herzhaft lachen,
nicht jedes kann man glücklich machen,
um Wunderbares zu verspüren.
Viele müssen leiden, frieren.
Sowie manch' arme Kreatur,
weil **w i r** Ausbeuter der Natur.

Hoffnung, wenn **zur Weihnachtsnacht,**
Glocken läuten mit Bedacht,
Schwingungen die Welt erreichen,
Unmut, Elend bald (?) entweichen.
Wenn immer wieder Weihnacht naht
und eine segensreiche Saat
heilvoll der Menschen Herz erweicht,
erkannt als **GLÜCK,** wenn es erreicht:
Mit Himmelsmächten tätig werden

für **„FROHE WEIHNACHTEN"** auf Erden!

Das störrische Eselchen

von Bruna Häcker

Damals, als Josef seiner Maria gerufen hat, sie solle ein paar Sachen einpacken, sie müssten zur Volkszählung, war Maria überhaupt nicht erfreut. Sie war schwanger und die Vorstellung, auf dem Esel so eine lange Reise zu machen, ängstigte sie.

Viel gab es nicht, was zusammen gepackt werden konnte. Einige Windeln, Decken, ein wenig Essen und eine Galone mit Wasser. Wie dem Esel die Last aufgebürdet wurde, sah man direkt, dass er überhaupt keine Lust hatte, so schwer zu tragen.

Hätte er reden können, wäre jetzt ein Schwall von Verwünschungen über Josef und Maria niedergeprasselt. Da er aber nicht reden kann, stellte er sich stocksteif hin und bewegte sich keinen Schritt vorwärts. Josef wurde sehr ungeduldig und fing an zu fluchen, während Maria den Esel am Hinterteil vorwärts zu schieben versuchte. Dabei redete sie liebevoll beschwichtigend auf den Esel ein, bis dieser sich tatsächlich bewegte. Sie trottete hinter dem Esel her und Josef führte ihn am Halfter. Die Menschen, die ihnen begegneten, schüttelten die Köpfe, wie sie eine hochschwangere Frau hinter dem Esel laufen sahen und machten wüste Bemerkungen zu Josef.

Abends, sie waren staubig und sehr müde, hielten sie Ausschau nach einer Herberge. Der Esel bockte wieder. Josef klopfte an einer klapprigen Tür, die sich quietschend öffnete. Heraus trat ein dicker Wirt, der seine Wurstfinger in die Seiten stemmte und sagte: „Ihr wollt Quartier bei mir? Ihr seht aus wie Lumpengesindel. Wer sagt mir, dass Ihr euer Nachtlager überhaupt bezahlen könnt. Da könnte jeder kommen, meine Herberge ist voll."

Maria stand wie ein Häuflein Elend neben dem Esel.

Dieser warf überraschend seine Hinterläufe hoch, so dass beinahe das Gepäck herunterfiel.
Josef verfluchte dieses sture Tier und zerrte ihn weiter. Maria kraulte das Grautier zwischen den großen Ohren und redete auf ihn ein. Der Esel schaute sie mit seinen ausdrucksstarken Augen tieftraurig an.
Josef war voller Sorge wegen seiner schwangeren Frau in der kalten Nacht, ohne Unterkunft. Bei einer weiteren Herberge passierte dasselbe und sie bekamen keinen Platz. Da galoppierte der Esel allein vorwärts und Josef lief ihm schreiend nach.
Maria blieb stehen. Ihr rollten die Tränen herunter. Josef kam mit dem Esel zurück. Der Esel schaute Maria an und drückte sich ganz nah an sie. Er fühlte die Tränen, die von Marias Gesicht auf sein Fell tropften. Dann blieb der Esel unvermittelt stehen und Maria stieg auf.
Mit letzter Kraft klopfte Josef noch einmal an eine Tür. Auch hier war nichts frei, aber der Wirt verwies auf einen Stall, den sie nicht weit weg zur Übernachtung nutzen könnten. Sie machten sich auf den Weg und das Eselchen galoppierte mit Maria einfach los. Josef schrie und wollte ihn stoppen. Maria beruhigte Josef und sagte: „Keine Sorge, es wird nichts passieren."
„Woher weißt du das", fragte er verwirrt.
Maria zuckte mit den Schultern und lächelte und strich dem Esel über das Fell. Sie hatte den Eindruck, dass er breit grinste. Im Stall stand ein Rind. Der Esel stellte sich dazu, wie wenn es noch nie anders gewesen wäre und fraß sich erst einmal satt. Das Rind schaute erstaunt zu.
In dieser Nacht passierte etwas Wunderbares. Maria bekam ihren Sohn, den sie Jesus nannten. Josef war so froh, dass alles gut gegangen war. Der Esel schaute auf das Kind, auf Maria, durch die brüchige Stalldecke und in den Himmel, an dem ein außergewöhnlich heller Stern stand. Für Maria war klar, dass war nicht nur ein

besonderer Esel, der sie verstand, sondern eine geheimnisvolle Nacht. Davon erzählen sich die Leute heute noch.

Der Weihnachtsjunge
von B.-P. Liegener

Wie heute jedem ist bekannt,
wird immer älter unser Land.
Doch Geld sitzt lock´rer bei den Jungen,
drum sieht die Werbung sich gezwungen,
gesunde Junge anzusprechen
statt alte Kranke mit Gebrechen.
Denn als Verbraucher sehn wir nur,
was gut ist für die Konjunktur.
Und so - vom Zeitgeist ausbedungen -
schuf man jetzt den Weihnachtsjungen.
Für den Export erfand man schnell
Santa boy und fils noel.
Statt dickem altem Mann mit Bart
kommt nun - dynamisch fit und smart -
ein junger Spund mit den Geschenken.
Er muss auch keinen Schlitten lenken:
sein e-slide ist halb virtuell,
im Cyber-space unglaublich schnell.
Und so scheint mit dem Weihnachtsjungen
das Anti-ageing voll gelungen.

Allein - das Weihnachtsmilchgesicht
erreicht die Konsumenten nicht.
Sie woll´n ein brummiges „Ho ho" -
das lock´re „Hi hi" klingt nicht so!
Sie mögen zwar Geschenke haben,
doch nicht von diesem zarten Knaben.
Nun endlich mal zur Weihnachtszeit
da schätzen sie Gemütlichkeit.
Statt Hektik, Stress und Arbeitsfrust

hat man auf Langsamkeit nun Lust.
Und auf Weisheit, Güte, Liebe,
weil Weihnachten sonst Alltag bliebe.

Nun - so hat man sich besonnen,
den Weihnachtsbub zurückgenommen.
Und hat er sich nicht durchgesetzt,
bleibt etwas übrig doch zuletzt.
Denn was es uns gelehrt, das Kind:
wie wichtig alte Menschen sind.
Im Leben braucht man ab und an
den guten alten Weihnachtsmann!

Weihnachtsfeier
von Dietrich Wilhelm Grobe

Glockenläuten, Orgelklang,
altvertraute Lieder;
Festtagspredigt, Chorgesang:
Weihnacht ist es wieder.

Kleines Mahl dann - man wird satt:
Braten gibt es morgen;
wer gut vorbereitet hat,
braucht sich nicht zu sorgen.

Gaben unterm Weihnachtsbaum:
Wünsche sind erfüllt;
Dank und Freude steh'n im Raum –
Wohltat, die umhüllt.

Manch' Gespräch in Fröhlichkeit –
Streit sei heut' vermieden;
schenkt Gefühl von Einigkeit
und Familienfrieden.

Anlass wird wohl kaum vermisst
bei dem Festgebaren:
dass ein Kind geboren ist
vor zweitausend Jahren.

Ein Pharisäer zu viel

von Arno Werth

Fiete Fredersen war auf Drängen seiner Frau mit ihr in die Adventsandacht gegangen. Eigentlich konnte er, wie er sagte, dem ganzen Zauber nichts abgewinnen. Alles nur Hokuspokus und Himmelskomik. Aber er duldete die Gläubigkeit seiner Frau und wollte ihr die aufkommende Weihnachtsstimmung nicht vermiesen. Also trottete er brav mit in die Kirche. Der Wind vom Meer hatte an Intensität zugenommen und pustete sich langsam zu einem ordentlichen Sturm auf. Die Nordsee war schon dicht an die Deiche getreten und die gierigen, gefräßigen Wellen mit ihren weißen Schaumkronen, die der Wind in einen Schleier zerstäubte, schienen nichts Gutes zu verheißen.

Stumm waren sie nebeneinander, gegen den Sturm ankämpfend, den Deich entlang zur Kirche gegangen. In den schmalen Gassen des Dorfes heulte Gevatter Wind sein klagendes Lied. Da waren sie froh, als sie die warme Kirche erreichten, wo sich die Gemeinde bereits versammelt hatte. Husten und leises Gemurmel erfüllten das Gotteshaus. Eine gewisse Spannung lag über allen, denn es hatte sich herumgesprochen, dass Pastor Hinnerk Harmsen anlässlich des bevorstehenden Weihnachtsfestes seiner sündigen Gemeinde die Leviten lesen wollte. Fiete und Anna Fredersen krochen in die vorletzte Bankreihe, begrüßten kopfnickend die Bekannten und Freunde und warteten mit ihnen auf das Einsetzen der Orgel, die Küster Finn Klüver vortrefflich zu bedienen pflegte.

Kaum hatten die ersten Töne eingesetzt, verstummte das Gemurmel und der Pastor rauschte mit forschem Schritt, seine Hände betend vor den mächtigen Bauch gefaltet, vor den Altar, verbeugte sich vor dem Kreuz und wandte sich seiner Gemeinde zu. Sein Gesicht hatte

eine ungesunde Röte angenommen, die nicht nur vom eisigen Wind oder vor Erregung herrührte. Fiete Fredersen konnte sich ein Grinsen nicht verkneifen. Anna hatte es bemerkt und stieß ihm kräftig in die Seite. Dann dröhnte die mächtige Stimme des Gottesmannes durch das Kirchenschiff. Er zitierte aus der Bibel, kam von Adam und Eva über Kain und Abel zu Maria und Josef. Sprach von Barmherzigkeit und Gastfreundschaft und schalt seine Schäfchen angesichts der ablehnenden Haltung gegenüber der Aufnahme von Flüchtlingen als gottlose Bande, die das Evangelium mit Füßen traten und herzlose Banausen seien. Er, der Pastor selbst, habe, wie hier alle wüssten, eine arme Familie aus Syrien, die vor Krieg, Hunger und Elend geflüchtet seien, in seinem Gotteshaus aufgenommen. Warum, so donnerte es durch die Kirche, versperre sich die Mehrheit der hier Anwesenden gegen die Aufnahme von lediglich zwanzig Asylsuchenden?
Die Köpfe der Versammelten waren verschämt zu Boden gesenkt. Betroffene Stille war eingekehrt, als Hinnerk Harmsen seinen Worten eine wirkende Pause gönnte. Dann hub er von Neuem an und fragte, ob denn Jesus Botschaft nicht in den Köpfen der hiesigen Bewohner angekommen sei? Wo sei denn hier die Barmherzigkeit und Hilfsbereitschaft? Als er seine Gemeinde genug gedemütigt hatte, gab er dem Küster ein Zeichen und ließ die Gottesdienstbesucher „Ein feste Burg ist unser Gott“ singen. Danach betete er mit seinen Schäfchen und befahl ihnen, sich zu besinnen und am Heilig Abend zahlreich dem Gottesdienst beizuwohnen.
Als Pastor Hinnerk Harmsen seine Gäste entließ, war ein deutliches Aufatmen zu vernehmen. Vor der Kirche versammelten sich Frauen und Männer getrennt zu Grüppchen. Ein aufgeregtes Tuscheln war im pfeifenden Wind zu hören. Die Männer beschlossen, die Diskussionen im Wirtshaus fortzuführen. Machten ihren Frauen

klar, dass weitreichende Beschlüsse zu bekakeln seien und es besser sei, dass die Frauen aufgrund des anstehenden Sturmes sich besser in die warmen Wohnstuben verziehen oder in den Küchen das sonntägliche Mal vorbereiten sollten. Aufmüpfig, wie Frauen heutzutage nun einmal sind, lachten sie die Männer aus und sagten, dass sie sich dann eben bei Gesine zusammensetzen, ein Sektchen trinken und eigene Beschlüsse fassen würden. Die Männer winkten belustigt ab und begaben sich gegen den Wind gestemmt zu Olaf Hemmerlings Kneipe.
Dort brannte die Diskussion um die Schelte des Pastors wieder auf. Und zu allem Übel, man hatte sich gerade so richtig in Rage geredet, öffnete sich die Kneipentür und der Gottesmann in seiner imposanten Gestalt betrat den Schankraum. Prompt erlosch die Debatte und die Köpfe senkten sich den Getränken zu.
„Olaf, mach mir mal nen Pharisäer“, dröhnte die Stimme des Kirchenvertreters. Das war genug Anlass, die Stimmung zu lockern.
„Komm setz dich zu uns“, wurde er aufgefordert und Hinnerk Harmsen nahm die Einladung dankend an.
Wenn er eines in seinem Studium gelernt hatte, dann war es, Menschen zu bekehren. Und so gelang ihm nun, was ihm in der Kirche noch versagt blieb, er öffnete die Herzen der rauen Friesen und bekam von ihnen die Zusage, dass noch vor dem Weihnachtsfest die örtliche Turnhalle zur Aufnahme von Flüchtlingen vorbereitet würde. Darauf musste natürlich angestoßen werden.

Als Pastor Hinnerk Harmsen Arm in Arm mit Fiete Fredersen das Wirtshaus verließ, torkelten sie gemeinsam ziellos durch die Gassen des Ortes, bis Fiete Fredersen ein Einsehen hatte, den Pastor herzlich umarmte, was für ihn außergewöhnlich war, und seinen Heimweg einschlug. Hinnerk Harmsen beflügelte eine

Glückseligkeit. Er warf sich dem Sturm entgegen, stellte sich auf den Deich und sah dem Blanken Hans bei seiner Arbeit zu. Da erhellte sich der Himmel über dem tosenden Meer und ein leuchtender Engel blickte gutmütig auf den Kirchenmann hernieder. „Dir sei die Weihnachtsbotschaft verkündet", dröhnte es in des Pastors Ohren. „Der Herr ist dein Hirte und du sein begnadeter Verkünder!" Dann erlosch die Erscheinung und Hinnerk Harmsen sank auf die Knie. Aber am nächsten Tag wusste er nicht mehr, waren es die Pharisäer oder nur eine Halluzination? Letztendlich glaubte er jedoch, dass sein Herr ihn erhört und ihm den Engel der Verheißung auf Erden geschickt hatte.

Nur noch einmal schlafen ...
von Sieglinde Seiler

Die Kinder können Weihnachten
seit Wochen kaum mehr erwarten.
Sie stehen oft am Küchenfenster
und spähen hinaus in den Garten,
ob sie das Christkind mit Englein
und den Nikolaus kommen sehen,
bevor sie nach ihrem Nachtgebet
hinauf in ihr Kinderzimmer gehen.

„Nur noch einmal schlafen,
dann ist der Heilige Abend da!“,
antwortet die Mama auf die Frage,
ob sie vielleicht das Christkind sah.
Am Heiligen Abend will allerdings
die Zeit erst recht nicht vergehen.
Auch die liebe Oma wird gefragt:
„Hast du das Christkind gesehen?“

Als es draußen finster wird und
es drinnen vor Spannung knistert,
die kleine Sabine ganz leise wird
und mit der Oma nur noch flüstert,
läutet endlich das helle Glöcklein
und die Tür zum Zimmer geht auf.
Der Blick fällt auf den Christbaum.
Staunend sperrt es die Augen auf.

Verzückt vom Weihnachtsglanz -
so strahlen der Kinder Gesichter,
als sie den Christbaum erblicken
und die funkelnden Kerzenlichter.
Dann fällt der Blick auf die Puppe.
Die hat es dem Mädchen angetan.
Der Junge entdeckt seinen Laster
und fängt gleich zum Aufladen an.

Es war einmal
von Renate Düpmann

Aufgewachsen in einer Försterei, habe ich ganz besondere Erinnerungen an Weihnachten.
Natürlich hatten wir immer einen wunderschönen Baum, mein Vater saß ja an der Quelle, auch gab es Geschenke, ein Weihnachtsessen usw., aber ganz besonders in Erinnerung geblieben ist mir die Wildfütterung zum Weihnachtsfest.
Je nach Wetter, wurde entweder ein Schlitten bepackt oder so eine Art Bollerwagen. Manchmal auch ein Fahrrad behängt. Als ich etwas älter war, gab es ein Auto. Das Ritual aber blieb.
Rüben, Heu, Eicheln, Karotten und andere Leckereien wurden je nach Vorrat zusammengestellt. Damals waren die Winter in der Heide oft noch richtig eisig, Funktionskleidung und Thermo-Stiefel noch nicht erfunden. Also, ganz warm anziehen und an die Füße entweder die Lederstiefel mit dicken Socken oder die Gummistiefel mit Rosshaarsocken.
Wir hatten einen sehr weiten Weg vor uns. Kilometer um Kilometer ging es durch den Wald. An jeder Futterstelle wurde etwas abgeladen. Ein großes Glücksgefühl durchfloss mich jedes Mal. In meiner Vorstellung sah ich das Wild seine Weihnachtsmahlzeit genießen.
Zu Hause wieder angekommen, flossen erst einmal die Tränen. Die Füße waren so eiskalt, dass sie erst ohne Gefühl waren, dann beim Auftauen anfingen, heftig zu schmerzen.
Mit dem Rücken an den Kachelofen gelehnt, wurde wieder ganz vorsichtig Leben in die Füße gerubbelt.
Nie in meinem Leben hatte ich wieder so kalte Füße, wie nach den langen, langen Märschen der Wildbescherung.
Wann immer ich in meinem späteren Leben in ein

warmes, gemütliches Weihnachtszimmer kam, war ich dankbar und ein heimeliges Gefühl erfasste mich. Die Welt ist dann friedlich und wunderschön! An hungernde und frierende Tiere denke ich auch immer noch in der Weihnachtszeit und helfe mit meinen Möglichkeiten. Glücksmomente tragen uns manchmal ein klein wenig durch das ganze Leben.

Weihnachtsrap
von Anita Angheloiu

Hallo Leute, wisst ihr heute
noch, was einst geschah?
Engelschöre konnt ich hören
und ein Stern war da.

Ding, dinge, dinge, dingdong!
Der Weihnachtssong!

Auch die Weisen zogen leise
durch das Morgenland.
Folgten einem Licht. Wohin die Sicht?
Unbekannt.

Ding, dinge, dinge, dingdong!
Der Weihnachtssong.

Es blieb steh'n, hoch zu seh'n
über einem Stall.
Tiere schnauften, Hirten jauchzten,
laut mit frohem Schall.

Ding, dinge, dinge, dingdong!
Der Weihnachtssong.

Keine Wippe, nur die Krippe,
und kein Babyzimmer,
Schutz für's Kind vor dem Wind
im Kerzenschimmer.

Ding, dinge, dinge, dingdong!
Der Weihnachtssong.

Papa Josef auch zugegen,
Frau Maria gleich daneben
und der Gottessohn.
Soll die Welt erlösen,
rettet uns vom Bösen,
auf dem Himmelsthron.

Ding, dinge, dinge, dingdong!
Der Weihnachtssong.

Wundernacht, Heil gebracht
in die Welt hinaus.
Jesu Leben weitergeben,
doch lasst keinen aus.

Ding, dinge, dinge, dingdong!
Der Weihnachtssong!

Dezember
von Betti Fichtl

Tage
im Tannengrün
voller Lieder.

Der Geheimnisse
und Plätzchenduft
der wartenden Kinder.

Tage
im Kerzenlicht
der Silbersterne
und Engel.

In das Finale
des Altjahres.

Der Wald

von Udo Dickenberger

Der Held dieser Geschichte brach zwischen den Jahren in den Wald auf. Die Wanderung führte ihn durch eine winterliche Landschaft. Im Hintergrund rotierten drei Windräder, die in der Umgebung als Kreuze von Golgatha bezeichnet wurden.

Der holprige Weg zum Nachbarort war vor Jahrzehnten als Radweg ausgeschildert worden. Dieses Faktum spricht von der Ruchlosigkeit der für den Landkreis Verantwortlichen. Auf dem Holperweg lagen Basaltbrocken. Die Einheimischen schämten sich vor Fremden, die auf ihn gerieten. Die Verantwortlichen des Landkreises schickten jedoch die Kinder auf diesem Weg in die Schule, um Kosten für den Bus einzusparen.

Am Waldeck war der Lieferwagen eines Handelsvertreters, der eine Pause eingelegt hatte, im Schlamm steckengeblieben. Erbärmlich klagend gab der bedürftige Reisende dem kommunalen Bauhof die Schuld an seinem Missgeschick. Der Held dieser Geschichte beschloss, diesen hilflosen Fahrer nicht den Landwirten des Ortes, die ihn herausziehen konnten, und dem Ordnungsamt zu überlassen. Er lief heim, schleppte ein kräftiges Brett herbei und schob den Lieferwagen an. Der Wagen kam frei, doch der unbedachte Wanderer war damit bereits zu Beginn seines Ausflugs schmutzig geworden. Hätte ich diesen Narren samt seinem Wagen doch den Bauern überlassen, sagte er, und brachte die Bohle heim. Unverzagt zog er von neuem los. Trotz des frühen Aufbruchs musste er sich beeilen.

So wanderte er in der Einöde dahin. Er war gerade dabei, im Schmutz unterzugehen, als Schneetreiben einsetzte. Die Züge, die über das Viadukt rauschten, schienen festlich illuminiert zu sein. Aus verschiedenen Richtungen vernahm er getragenes Glockengeläut. Die

Kompostierungsanlage roch in der betulichen Zeit zwischen den Jahren feierlicher, als sonst. Die skrupellosen Verantwortlichen in der Leitung des Landkreises bestritten nach wie vor lautstark, dass sie Gerüche von sich gab. Dem Landrat und dem Schuldezernenten waren die einfachsten Geschichtsdaten unbekannt.
Hinter dem Viadukt türmte sich meterhoch Schnee auf. Spuren waren nicht zu erkennen. In der Senke verlor der Wanderer eine dreiviertel Stunde lang die Orientierung. Er wäre verloren gewesen, wenn ihn nicht unerwartet und wider jede Vernunft drei Magier gerettet hätten. Denn er begegnete einer verfrühten Gruppe von Sternsingern mit einem erwachsenen Sternträger und einem Terrier-Mischling, der von den Jugendlichen als Kamel bezeichnet wurde. Die drei Weisen teilten eine Tüte Erdnusslocken und einen Becher Kinderpunsch mit dem Wanderer, speisten ihr Dromedar mit Regenwürmern und zogen davon.
Einen Ort weiter war vor Jahren ein im Dekanat verrufener Geistlicher tätig gewesen. Er nahm den Sternsingern die Schokoladetafeln ab, die sie geschenkt bekommen hatten; das dachte der Wanderer, während er den Magiern nachschaute. In seiner Gier soll der Gemeindepfarrer zusammen mit der zur Völlerei neigenden Küsterfrau verzehrt haben, was beide nur bekommen konnten. Immer mehr, war die Devise, bis zum Überdruss. Der Lebemann und seine Gefährtin wussten nicht, dass die Sternsinger ihnen nur diejenigen Süßigkeiten zeigten, deren Haltbarkeitsfrist abgelaufen war und die sie selber nicht verspeisen wollten. Regelmäßig soll das Duo die Kaffeekasse der Ministranten ausgeplündert haben. Wie es heißt, wurde der Pastor unehrenhaft aus dem Pfarrdienst entlassen. Er gehört seitdem samt der Küsterfrau dem liederlichen Kustoden und dem gemeinsamen Nachwuchs der Laienabteilung eines Regelkanoniker-Ordens an. Die acht Famuli

essen, wie es heißt, jetzt auf alle Zeiten hin den ehrwürdigen Brüdern alle Süßigkeiten weg und fahren gut damit.
Erschöpft erreichte der Wanderer den Nachbarort. In Ermangelung von Pächtern waren die Gastwirtschaften geschlossen. Kein Wirt konnte sich länger als vier Monate halten. Ein Omnibus absolvierte unter Anteilnahme von Publikum in der steilsten Straße eine Testfahrt und setzte krachend auf. Vier verhärmte Frauen kamen von der Bahnstation, die drei Orte flussabwärts liegt, und klagten, dass bereits am Nachmittag Busanschlüsse fehlten. Es fahren keine Busse mehr, sagten sie. Der eigensinnige Bürgermeister habe im Einvernehmen mit dem Gemeindevorstand den Ausschussvorsitzenden und den für Einflüsterungen offenen Gemeindevertretern den Vertrag mit dem Taxiunternehmer, die Satzung und die Gebührenordnung zum sogenannten Anrufsammeltaxi aufgekündigt und zum Teufel ge-schickt.
Im Wald hatte der umtriebige Sportverein Verpflegungshütten für die Teilnehmer seines Volkswandertags aufgebaut. Wenn dessen Akteure elf Kilometer unter Geschwätz zurückgelegt haben, bekommen sie diese Leistung vom Sportclub zertifiziert und dürfen die Urkunde an die Wand des Vereinsheims hängen. Der Held dieser Geschichte trank zwei Becher Glühwein und einen Humpen Kinderpunsch, verzehrte vier Scheiben Christstollen und sang frohe Lieder.
Die Kapelle leuchtete. Wer eine Münze einwarf, durfte die Krippe betrachten. Überall Kommerz, dachte der Held dieser Geschichte. Wer abends aus der Kapelle in den Wald trat, war von Finsternis umgeben. Kein Streulicht half ihm, den Weg zu finden. Auf den Mond war kein Verlass. Kein Tier des Waldes gab sich zu erkennen. Nur eine Schleiereule zog ihre Kreise und ging ihren Verrichtungen nach. Ein Hirsch mit einem Adventskranz im Geweih trat aus dem Unterholz und

erteilte dem Wanderer die Anordnung, hier einen Bratwurststand zu errichten.
Nach einigen Stunden hatte er alle Weihnachtsgedichte, die er beherrschte, aufgesagt. Der Ort, den er nach dem Verlassen des Waldes streifte, soll in dieser Geschichte nur am Rande berührt werden. Großsprecherei und Misswirtschaft waren in diesem Ort zuhause. Sie hatten hier den sogenannten Saalbau, doch wenn das kommunale Kammerorchester aufspielte, brachten diese musizierenden Laien die Sätze stets in verkehrter Reihenfolge zum Vortrag. Der Bürgermeister, der sogenannte Proletenfürst, galt samt seiner Staatsbürger als so dämlich, dass die Ferkel nach ihnen schnappten, und als blöd wie siebzehntausend schwarze Mucken.
Wer hier Blut spendete, bekam nicht wie in den Nachbargemeinden Hackbraten, sondern ein mit fadenscheinigen Zwiebeln und fragwürdigen Kräutern dekoriertes angebissenes Brötchen serviert. Die Torten, die im Speiseraum malerisch aufgebaut waren, wurden von den unbeholfenen Helfern der Hilfsorganisation verspeist, nicht von den Blutspendern, denen keiner half und die sich nicht zu helfen wussten. Dem Ortsleiter gefiel, sich bei Jubiläen gemeinsam mit dem Bürgermeister für die Zeitung ablichten zu lassen. Wer ein Jubiläum beging und zum 50. Mal Blut spendete, blieb unbeachtet, wenn der klebrige Ortsvereinsvorsitzende mit dem Rathauschef liebreich zusammenfand. Kameraden erlebten mit, wie ein kreuzbiederer Greis, dessen letzter Wunsch war, eine Sonderehrennadel (Brillant in Gold mit Lorbeerkranz) aus Anlass seiner 97. Spende verliehen zu bekommen, vom Ortsleiter bis zum Hinscheiden vertröstet wurde. Von immer neuen Hindernissen wusste der Ortsleiter dem Rentner zu berichten. Jetzt lag der schon lange im nassen Grab, ohne je die begehrte Nadel bekommen zu haben. Verlassen wir diesen traurigen Ort, in dem Zutrauen und Menschlich-

keit fehlen und nie aufkommen werden.
Das Naturschutzgebiet war gewonnen. Hunderte von Reihern standen auf jeweils einem ihrer Beine und schliefen. Ein Storch saß auf seinem Horst. Er fror bitterlich und zum Erbarmen. Naturschutzgebiete mögen das Landschaftsbild bereichern und die Weltanschauung erweitern, doch wäre Vielfalt zu wünschen. Wenn es Pinguine gegeben hätte! Oder Bartgeier! Am Rande des Naturschutzgebiets badeten Passanten im eiskalten Wasser. Andere schauten zu und genossen das Spektakel. Es fragte sich, ob die Badenden auch dann gebadet haben würden, wenn sie keine Betrachter beim Baden gehabt hätten. Ob diese Tigeraffen also naiv oder sentimentalisch badeten?
Über Berge und durch Schnee kämpfte der Wanderer sich voran. Der einzige Tisch in der winzigen Bäckereiverkaufsstelle des folgenden Gemeinwesens, die in Kürze geschlossen werden würde, war belegt. Verbittert, aber im Grunde tief zufrieden, zog der Wanderer weiter. In der Hofeinfahrt vor dem Gemeinderaum, in dem er Blut spenden wollte, standen Helfer. Sie boten Stollen und Kaffee an und teilten vergnügt mit, dass der Termin ausfallen würde. Der Lastkraftwagen, der die Geräte bringen sollte, sei auf der Strecke steckengeblieben. Er könne in der Eile nicht in Ordnung gebracht werden.
Der Held dieser traurigen Geschichte betrachtete den winzigen Gemeindesaal im zweiten Stock, der bereits für den Fasching geschmückt war, und trat übelgelaunt den Rückweg an. Dieser Ort bringt mir kein Glück, erwog er. Einmal war hier der Reifen seines Rades platt geworden. Ein andermal war sein Blutdruck zu hoch gewesen. Diesmal war also der Lastkraftwagen kaputt. Sie geben dem Lastkraftwagen die Schuld. Es wird immer besser, dachte er wenig weihnachtlich.
Im Zustande äußerster Düsternis passierte er den fragwürdigen Baggersee, in dem die Fische verendeten,

weil sie keine Luft bekamen. Aber an der Europa-Autobahn stehen Schilder, die für die hiesige Seenplatte werben, dachte er wütend. Der Landkreis, diese Verbrecher. Die Verpflegungsstation des Sportvereins hatte den Schmalzbrotverkauf eingestellt. Der Bus probte nicht mehr. Vom Anrufsammeltaxi war nichts zu erkennen. Es würde nicht wiederkommen.
Als er den Behelfsflugplatz, auf dem vor acht Jahren ein alter Hubschrauber abgestürzt war, hinter sich gelassen hatte, hielt ein Automobil an. Der Fahrer fragte ihn nach seinem Ziel, das ihm nach kurzem Bedenken einfiel. Beide kannten einander nicht, entdeckten im Gespräch jedoch gemeinsame Bekannte. Wenn man sich nicht kennt, ist gut, jemanden zu kennen, den man kennt, erkannten sie. Am Imbiss verzehrten sie Mehlspeisen und Kartoffelsalate. Sie rauchten Zigarillos und schauten zur Trinkhalle hinüber. So kam im Verborgenen verhaltenes Zutrauen auf.
Beim Anblick der Grillwaren erzählte der Kamerad, dass ihm seit jeher vor dem Schlachter seiner Heimatgemeinde gegraut hatte. Angenommen, ich bin alleine im Laden, und der Kerl schnappt über, sagte der Fremde. Fleischhauer werden verrückt, fuhr er fort. Ein Metzger muss irrsinnig werden, wenn er erkennt, was für ein Leben er führt, sagte er. Ich bin also alleine im Geschäft und der Metzger dreht hinter dem Tresen durch. An wen soll er sich wenden? Er zieht mir folgerichtig mit dem Beil einen Hieb über den Kopf, sagte er, und zerrt mich ins Schlachthaus. Glaubt ihr, dass ich wieder gefunden werde? Etwas übrigbleibt? Ich bin rettungslos verloren. Nie wieder taucht eine Spur auf. Ich werde als Wurst verkauft, sagte er. Das ist der perfekte Mord.
Der Held dieser Geschichte versuchte vergeblich, dem Vertrauten zu versichern, dass er sich nicht zu fürchten brauchte. Die Inder wissen, warum sie mit den Metzgern gehässig umgehen, antwortete der Fremde. Sie wissen,

was sie mit ihnen machen, ergänzte er düster. Die Inder sind klüger, als wir. Sie sind uns dank ihres Karmas überlegen. Das stimmt, versicherte der Held dieser Geschichte. Gleichwohl gilt der Metzgerberuf als verantwortungsbewusst, erkannten beide.
Die Würste waren alle weg. Beide hatten gemeinsam sämtliche Würste verzehrt. Keine einzige Wurst lag mehr in der Vitrine. Wurstsuppe würde ihnen jetzt geschmeckt haben. Oder, noch besser, Blutwurstsalat. Christstollen waren nicht im Angebot dieser dürftigen Verkaufsstelle. Der Glühweintopf war leer. Alles war verzehrt und aufgegessen. An der Trinkhalle gegenüber wurde kein Kinderpunsch mehr verkauft. Das Bistro hatte geschlossen. Der Grillgarten war leer. Es gab nichts mehr zu essen. Alle Speisen waren dahin. Beide erkannten klar, dass es nichts mehr zu essen gab. Alles haben wir aufgegessen, gestanden sie einander ein.
Sie würden für immer allein sein. Die Kameraden bedauerten, dass der „Lebendige Adventskalender“ nicht ins Neue Jahr hinein fortgesetzt wurde. Sie verabschiedeten sich voneinander mit Zutrauen. So endete dieser unscheinbare Tag einvernehmlich. Im Schnee lagen Zweige und Christbaumkugeln verstreut. Am Fluss waren weder Sternsinger noch Spaziergänger unterwegs. Längs des Radwegs entdeckte der Held dieser Geschichte Abfolgen von Maulwurfshaufen. Pyramiden stießen durch das Eis. Nasskalter Wind wirbelte Schnee durch die Luft. Der Ort schien eingeschneit zu sein. Das verhaltene Läuten beeinträchtigte die Stille nicht.

Schöne Bescherung
von K.U. Robert Berrer

Glaube
Der Christ verflucht den Atheist,
weil der nicht rechten Glaubens ist.
Der Atheist hingegen
empfindet das als Segen.

Liebe
Die Liebe misst der fromme Christ
danach, ob rein und wahr sie ist.
Des Atheisten Liebe
folgt eher seinem Triebe.

Hoffnung
Doch: W e d e r Christ n o c h Atheist
(Hoffnung scheint einzuschwenken!)
vergisst jemals, wann Weihnacht ist.

Das liegt an den Geschenken.

Ein Weihnachtslied

von Sieglinde Seiler

Ein Weihnachtslied
spricht von der stillen Nacht,
wo nur das traute Paar
im Stall bei dem Kinde wacht.
Es spricht von Engeln,
die es den Hirten taten kund
und dass in der Geburt
uns schlug die rettende Stund.

Ein Weihnachtslied
spricht vom Jesuskind, das kam,
von Freud` und Fried`,
Gott, der unsere Welt annahm,
von der Engelsbotschaft,
dem schönen Himmelsgesang,
der der ganzen Erde galt
und vom süßen Glockenklang.

Ein Weihnachtslied
spricht von einer seligen Zeit,
weil Christus geboren ist –
es freue sich die Christenheit.
Die Menschen der Welt
will Christi Geburt versühnen.
Verloren war die Welt.
In ihm ist das Licht erschienen.

Ein Weihnachtslied
spricht von der heiligen Nacht,
wo die Finsternis weicht,
Christus kommt, ohne Pracht.
Es lädt uns Menschen ein:
Ihr Christen, kommt geschwind.
Christus wurde geboren.
Kommt auch Ihr zum Jesuskind!

Es war einmal ein kleiner Baum ....
Eine zwar wahre und doch traumhafte
Weihnachtsgeschichte
von Brigitte Schaefer

Es war einmal ein kleiner Baum,
der träumte seinen Weihnachtstraum:
Einmal in einer Stube steh'n,
mit strahlend Lichtern, Kugeln schön,
und Lametta an den Zweigen,
so wollt' er sich zum Christfest zeigen.
Er ahnte nicht, dass dieser Traum
auch meist' das End' vom Tannenbaum.

Eh' das Bäumchen sich versah,
ganz Entsetzliches geschah.
Denn jemand sägte, wie gemein,
an seinem einzigen Standbein.
„Aus", dachte es, „ist's mit dem Traum,
nun werd' ich nie ein Weihnachtsbaum."
Es half kein Zittern, noch Gebärden.
Mit vielen seiner Weggefährten
wurd' es verladen und recht bald,
glaubt' es sich abermals im Wald,
denn es traf Seinesgleichen wieder
und dann ertönten Weihnachtslieder.

„Nun bin ich wirklich von den Socken",
rief das Bäumchen mit Frohlocken.
Ringsherum viel Weihnachtstrubel,
Schwindel spürend, dieser Jubel
ließ unser Bäumchen wachsam werden,
war das wohl Weihnachten auf Erden?

Dann vernahm es: „ Ist der schön!“
Schon sah es sich als Prachtbaum steh'n.

Kurz darauf: „Nein, viel zu klein,
er sollte etwas größer sein".
Nun reckte es und streckte sich,
doch ... man beachtete es nicht.
Die anderen verkauft, schon fort,
es stand allein am dunklen Ort.

Was dann geschah, begriff es kaum,
ein Mädchen rief: „Schau dieser Baum,
ist der nicht süß, nur der kann's sein,
da wird sich unser Tantchen freu'n!"
Das Bäumchen spürte in den Zweigen
wie froh es wurd': „Nun wird's sich zeigen
wie schön ich bin!" und voller Stolz
striegelte es sein Nadelholz.

Behutsam wurde es getragen.
„Wohin wohl?" mochte es sich fragen.
Ein Zimmer, hell, Gemütlichkeit,
das Bäumchen voller Seligkeit.
Ganz liebevoll wurd' es geschmückt,
sein Herzchen pochte wie verrückt.
Der Stumpf erhielt ein neues Bein,
nun könnt' es wieder standfest sein.
Vernahm sodann: „Wir werden's seh'n,
gleich werden sich die Zweige dreh'n."
Kaum wurd' ein Zauberschloss benutzt,
ein tanzend Bäumchen sehr verdutzt.

Wie erhofft, bestückt mit Kerzen,
Lametta, bunten Kugeln, Herzen.
„Einmal noch ...", hieß es, „wach werden,
dann ist Weihnachten auf Erden."
Zufrieden schlief der Kleine ein,
schon sehr bald sollt' sein Traum-Tag sein.

Neugierig, wach, recht früh am Morgen,
wurd' es umhüllt, schützend geborgen
für den Transport zum Haus der Tante,
die dieses Vorhaben nicht ahnte.
Heilig-Abend, im Dunklen geschellt,
klammheimlich und leise aufgestellt,
sogar mit echtem Kerzenschein,
durft's Tännchen endlich Christbaum sein.

Das Tannenherzchen ganz von Sinnen,
verzaubert, glücklich, als von drinnen
ertönten schönste Weihnachtsweisen.
Ehrfurchtsvoll, als wollt' es preisen
die Heilig' Nacht. Welches Gescheh'n,
im Orgelklang dürft' es sich dreh'n.

Nun wurd' die Türe aufgemacht,
die Tante sehr berührt, doch lacht:
„Das hab' ich ewig nicht geseh'n,
er dreht sich ja, oh, ist das schön!"
Man brachte ihn zur Stube rein,
die Freude galt nur ihr allein.

Sie war schon volle neunzig Jahr' –
hübsch anzuseh'n im weißen Haar,
bestaunt' ihr Bäumchen voll Entzücken,
Gedanken mochten fern entrücken,
Erinn'rung an die Kinderzeit,
die wiederkehrte und doch weit.

Glitzernde Äste, taumelnd vor Glück,
gaben Freude in Weisen zurück:
„Oh du fröhliche" und „Stille Nacht"
drang aus dem Standbein, durch's Drehen vollbracht.
Himmelhoch jauchzend der kleine Baum,
der unbewusst einen Kindertraum

der Tante erfüllte, Zweiglein schwang',
noch lang' nach der Neujahrsglocken Klang.
Im hohen Alter solch' Freude erleben,
das sollte es wahrlich nur einmal geben.
Erinnerungen - Lebensrest.
Es war ihr letztes Weihnachtsfest ...

Längst nicht das Ende der Geschicht',
vergessen wir den Christbaum nicht.
Der tapfer, klein und doch der Größte,
achtbar Bewunderung auslöste.
Lebenserfahrung! Wer verhalten,
kann sich auch später noch entfalten.

Das Tannenbäumchen, ohne Tadel,
anfangs noch grün, mit jeder Nadel,
fand später, ohne Schmuckgesteck,
ein Gartenplätzchen, Schneebedeckt.
Erfuhr weiter Bewunderung,
vom End' der Seinen fern, weil jung.

Das Weihnachtskleid verlor den Glanz
im Frühjahr, und verschwand dann ganz.
Grün Farbenlack ersetzte bald
die nadellose Holzgestalt.
Das Bäumchen wirkte leicht und zart,
erfuhr Erfüllung zweiter Art.
Denn, als die Tante Abschied nahm –
es plötzlich Blüt' um Blüt' bekam.
Nicht ein jeder kann's versteh'n,
dennoch geheimnisvoll' gescheh'n.
Zum letzten Weg, Blumengeschmückt,
der Weihnacht nah, dennoch entrückt.

Noch steht es da - trotzt den Geschicken,
erfreut sich an erstaunten Blicken,

zaubert mit seinen Blütenzweigen
Wärme in Herzen, als wollt's zeigen:
Wer gern viel Freude mag vergeben,
begegnet zeitnah ihr im Leben.

Und, sollt' doch mal ein Holzwurm nagen –
an Bäumchens Fuß in spät'ren Tagen,
dann kann es immerhin gesteh'n:
„Mein Weihnachtstraum war wunderschön!"

Es weihnachtet

von B.-P. Liegener

Es war weihnachtlich.
Alles war friedlich und still.

Aber da Es jedes Jahr um diese Zeit weihnachtlich war, wurde dem kleinen Es langweilig. Und so begann Es dieses Jahr langsam zu schneien - erst nur etwas, ein kleines Bisschen, dann immer mehr und immer weiter. Das machte Spaß! Die kleinen Flocken wirbelten herum, tanzten munter durch die Luft und setzten sich auf Straßen, Autos und Bäume.

Alles wurde weiß.
Alles wurde noch friedlicher und noch stiller.

Da begann das große Alles auch etwas unruhig zu werden, denn immer wieder zum Jahresende friedlich und still zu sein, ist ein Ding, aber noch friedlicher und noch stiller... Also machte sich Alles auf den Weg in die Geschäfte, auf die Weihnachtsmärkte, auf zum Skilaufen. Alles fegte Schnee von Autos und Straßen, die Bäume blieben weiß. Und so war Alles beschäftigt, freute sich und genoss die Weihnachtszeit.

Alles war weiß, glücklich und zufrieden und Es weihnachtete viel vergnügter, als Es das lange Zeit erlebt hatte.

Das große Alles und das kleine Es zwinkerten sich zu, lächelten sich an und gaben einander die Hand - Es war Alles und Alles war Es gut!

Stille Weihnacht
von Dietrich Wilhelm Grobe

Ein Weihnachtsfest in Einsamkeit
weckt die Erinnerung:
sie lindert Schmerz und Altersleid –
man war doch einstmals jung!

Der Nikolaus stand vor der Tür,
man sagte ein Gedicht;
er lobte freundlich nach Gebühr
und er bestrafte nicht.

Geschenke unterm Tannenbaum -
sie lösten Freude aus;
der Kerzenduft durchzog den Raum
und füllte auch das Haus.

Die eignen Kinder später dann –
Welch' muntr'e Fröhlichkeit;
sie steckte auch die Eltern an,
die selbst nun spielbereit.

Vergangen alles mit der Zeit -
man ist jetzt ganz allein;
geblieben nur die Einsamkeit
bei mildem Kerzenschein.

Fröhliche Weihnacht überall ...

von Brigitte Lehmann

Die Weihnachtskonzerte haben es mir angetan. Einige Adventstage nach Erfurt und mal wieder hoch zur Wartburg, bietet unser Reisebüro an. Das ist ja fast ein Geschenk, welches wir mit Freude annehmen.

Der erste Besuch führt uns auf den wunderschönen Erfurter Weihnachtsmarkt. Unmittelbar hinter dem Platz des Weihnachtsmarktes ist der Dom zu sehen, welcher wichtigster und ältester Kirchenbau Erfurts ist. Unmittelbar neben dem Dom steht die Severikirche. Alles ist so einzigartig. Den Dom betreten, die Augen, der Blick, ich war so fasziniert, wohin ich auch schaue vom eben Erlebten. Der nächste Tag führt uns nach Eisenach zur Besichtigung der Luther-Stadt. Im Anschluss erwartet uns der Höhepunkt - *Advent auf der Wartburg!* Welche Freude und welches Staunen über einen ganz besonderen Weihnachtsmarkt. Jedes Treppchen hat sein Eckchen. Dazu die Leckerbissen. Im Festsaal lauschen wir einem Gotischen Orgelportativ und Gesang. Einmalig. Noch nie hörten und sahen wir diese Instrumente: Laute, Hackbrett, Glockenspiel, Glockenrad, Flöten, Drehleier - aus einem anderen Jahrtausend.

Der Wartburg-Express, ein Dampf-Nostalgiezug, bringt uns zurück nach Eisenach. Im Bahnhof genießen wir die Zeit, bis wir von unserem Reisebus wieder zum Hotel nach Erfurt gebracht werden. Auch hier im Bahnhof wurden die Reisenden mit einem Weihnachtskonzert begrüßt. Ein Foto der Ausstellung und dem Hinweis auf „70 Jahre Eisenacher Automobilbau" über einer Glastür bring ich mir mit nach Hause. Soviel Erlebnisse in kurzer Zeit. Da setzen wir doch vor der Heimfahrt nach eins drauf, verkündet uns unser freundlicher, hilfsbereiter Busfahrer.

Die Sehenswürdigkeiten in Weimar erfreuten uns wieder

einmal. Das Goethe-Schiller-Denkmal vor dem Nationaltheater hatte viele Besucher. Vor dem Theater befand sich eine Eisfläche zur Freude der Schlittschuhläufer. Dem Stadtrundgang mit Besichtigung des Goethehauses am Frauenplan, folgte ein Spaziergang an der Ilm zum Park zu Goethes Gartenhaus. Es war ein sonniger Tag. Zu einer inneren Besichtigung dieses berühmten Kleinods fehlte uns leider die Zeit.
Wieder daheim bin ich glücklich und dankbar unserem Reisebüro, sowie unseren Reisefreunden. Man fühlte sich über das gemeinsam Erlebte wie in einer Familie.
Noch einmal durfte ich mich freuen über Weihnachtliche Konzerte: im Anhaltischen Theater Dessau ein *Weihnachtliches Konzert* und das *Weihnachtskonzert des Jüterboger Stadtchors.* Die begehrten Eintrittskarten lagen längst bei mir im Kästchen und harrten ihres Einsatzes.

Autorenporträts

Anita Angheloiu, geb. 1971 in Ostercappeln, nach Fachhochschulreife als Erzieherin tätig, Lektoratstätigkeit in der ev. luth. Kirche, schreibt seit ihrer Schulzeit Lyrik und Prosa

K. U. Robert Berrer, geb. in Hamburg, ausgebildeter Jurist, arbeitete in der Finanzwirtschaft, seit 2014 widmet er sich ganz dem Schreiben von Lyrik, div. Veröffentlichungen in Anthologien u. LZ

Renate Blume, geb. 1940 in Halle/Saale, wohnt in Wiesbaden, verfasst seit vielen Jahren zu privaten Anlässen Gedichte; ihre Hobbies sind das Wandern, Singen im Chor und Les

Eva-Marie Brodheim-Egbuna, geb. 1943 in Hamburg, Ing.grad und Ing.Dipl., bis 1985 als Architektin in Nigeria gearbeitet, mehrere Veröffentlichungen und Fernseh- und Radiosendungen, Malerei

Udo Dickenberger, geb. im oberhessischen Ilbenstadt, philosophische u. naturwissenschaftliche Studien, Aufsätze u. Geschichten in gelehrten Jahrbüchern, Bücher z. Poesie v. sepulkralen u. satirischen Grabinschriften

Erika Dreßler, geb. 1945 in Sebnitz-Schönbach, lebt in Neustadt; verfasst Spruchkarten, Spruchbilder; zahlreiche Ausstellungen und Lesungen; mehrere Veröffentlichungen, Broschüren

Renate Düpmann, geb. 1953, aufgewachsen in der Lüneburger Heide, lebt an der hessischen Bergstraße, viele Jahre als Kunsterzieherin im Schuldienst, schreibt Lyrik, div. Veröffentl. in Anthologien

Christian Engelken, geb. 1965 in Hannover, Studium der Germanistik, Musikwissenschaft und Philosophie, tätig u.a. als Lektor, diverse Veröffentlichungen, www.christian-engelken.de

Betti Fichtl, geb. 1941, lebt in Weiden, zahlreiche Veröffentlichungen im In- und Ausland, Gedichte in sechs Sprachen übersetzt, Lyrikpreise, eigene Bücher und Buchreihen; Lesungen

Dietrich Wilhelm Grobe, geb. 1931 in Duisburg-Meiderich, lebt in Göttingen, Dipl.-Bibliothekar, Veröffentlichungen in Anthologien u. Fachzeitschriften; Beiträge in Rundfunk und Fernsehen

Bruna Häcker, geb. 1948, das Schreiben von Geschichten für Kinder und Erwachsene ist ihre Leidenschaft, diverse Veröffentlichungen in Anthologien, Kinderbuch „Der kleine Gerson“ erschien im Mai 2014

Kristina Klabes, geb. in Mecklenburg-Vorpommern, lebt und arbeitet im sozialen Bereich in Hamburg, schreibt seit 2010 Gedichte und Geschichten, erster Gedichtband „schlicht und einfach“, div. Veröff.

Liesel Marie-Luise Kriege, geb. 1948 in Osnabrück, lebt und arbeitet in Bad Iburg, sie malt, schreibt, textet und komponiert, singt eigene Lieder und begleitet sich auf der Gitarre, „KreuzZeichen“ Gebetsbuch

Brigitte Lehmann, geb. 1935, lebt in Jüterbog, studierte Staats- u. Rechtswissenschaft u. Ökonomie, war tätig im Landesamt Potsdam für Datenverarbeitung und Statistik; schreibt autobiografische KGs

B.-P. Liegener, geb. in Berlin, begeisteter Hobby-Sprachler, schreibt Gedichte, Geschichten, Reden und “um die Ecke gedachte Kreuzworträtsel”, 1. Gedichtband “Jüngst” erschien 2016, Weiteres in Vorbereit.

Edith Rudnick, geb. 1948 in Osnabrück, lebt und arbeitet in ihren Geschäften „Lille Hus“ und „Boutique Le Bou Bou“ in Bad Iburg,

Brigitte Schaefer, geb. in der Nachkriegszeit, lebt in Göttingen, als Hotelfachfrau tätig in verschiedenen Ländern, Zahlmeisterin zur See, Hobby-Schreiberin von Gedichten und Prosa, div. Veröffentlich.

Susanne Schulze, geb. 1982 in Hamburg, wo sie auch lebt und arbeitet, seit ihrer Kindheit schreibt sie Gedichte zu Geburtstagen von Familienangehörigen, daraus entstand eine große Sammlung

Dr. phil. Werner Seibel, geb. 1946, wohnt in Gudensberg, freier Schriftsteller und Musiker, zahlreiche Veröffentlichungen in Anthologien, einige Lyrikbücher, Lyrikpreis Silberne Feder der IgdA

Sieglinde Seiler, geb. 1950 in Wolframs-Eschenbach, Dipl.-Verwaltungswirt (FH), Veröffentlichungen in verschiedenen Anthologien und 207 Gedichte im Internet unter www.feiertagsgedichte.de

Michaela Stoewer, lebt in Hitzacker, arbeitete als Erzieherin, jetzt Musiklehrerin und Musikerin, spielt Konzerte und begleitet Lesungen, vertont Gedichte anderer Dichreinnen, trägt ihre Gedichte auf Bühnen vor

Gerburg Tsekouras, geb. 1944, lebt in Athen, Studium der Theologie, Anglistik und Germanistik, Ausbildung als Musikerin, lange Jahre im Kirchen- und Schuldienst, eigenes Sprachinstitut, Musiklehrerin

Elfriede Weber, geb. 1941, Autorin und Malerin, Veröffentlichungen in diversen Anthologien, eigener Gedichtband sowie Buchveröffentlichung "Er und kein Anderer" (Psychothriller)

Arno Werth, geb. 1948 in Delmenhorst, lebt als Autor in der Nähe von Bremen, schreibt Romane, Kurzgeschichten und Lyrik, diverse Veröffentlichungen und Radiosendungen, Roman „LEMI"

Annette Wübbel, geb. 1950 in Bochum, Studium in Münster, Realschullehrerin in Niedersachsen, jetzt Autorin der "Antonius-Trilogie" sowie Romane "Der Archtikt meines Lebens" u. "Fräulein Studentin"

EPLA-Verlag

Am Teich 9

27777 Ganderkesee

tel.: 04221/850143

Fax: 04221/850146

E-Mail: EPLA.Plachetka@t-online.de

www.epla-verlag.de

Internet-Buchladen: www.epla-verlags-buchladen.de